家族で学ぶ相続不動産の分割と活用法

太田吉洋 著

セルバ出版

はじめに

月に1度、孫を連れて子供が遊びにきてくれる。とても楽しく幸せな時間……。
でも、もしものことがあったとき、相続に不安がある方は実は多いです。
その不安とは、相続が原因で子供達が喧嘩してしまうこと。親にとって子供達はかけがえのない存在です。

老後のためにと蓄えていた預金と退職金、そして先祖代々受け継いできた土地とローンを組んで購入した建物。子供達とその家族の生活を円満相続で幸せにできるよう、相続を一生のギフトにしたいと考えている方は少なくありません。そんな親達にとって、子供達が争う姿は、あまりにも不本意で、残念な姿になります。

相続の先には2つの道が待っています。それは、「家族が円満になる相続」と「家族が紛争になってしまう相続」です。円満な相続ができれば、家族はより深い絆で繋がることができます。逆に、紛争になれば、仲がよかった家族がバラバラになってしまいます。相続は、家族のいわば別れ道になるといえます。

大切なことは、家族全員を円満にするために、相続をあらゆる視点・角度から考えることです。例えば、相続を不動産の視点から見たらどうなのか、紛争にならない相続とはいったい何なのか、子供から見て自分の親が望んでいることは何なのか、親にとって相続の心配事は何なのか、子供にとって相続にはどんな心配ごとがあるか……などです。

このようにあらゆる目線から相続を考え、相続と向き合うことにより、円満相続の道を歩んでいけることになるといえます。

私自身が相続を経験したことで、相続には本来の不動産そのものの知識以外にも、相続特有の不動産知識が必要になることがわかりました。さらに、相続に対する考え方や取組み方が重要になることも実感するようになりました。

そして、この度、自分自身の経験と身に着けた知識をまとめて、本を出させていただくことになりました。長年培った不動産の経験や知識はもとより、相続の際に自分自身が考えたこと、相続を通して身に着けたノウハウなどについてもすべて本書の中で述べさせていただいています。

相続は、ご存知のとおり、肉親との別れという悲しい出来事によって起こります。しかし、残された者達は、次の人生を幸せに力強く進んでいかなければなりません。円満相続は、そのための第1歩を踏み出すためにあります。

本書が相続を円満にするためのきっかけになれば幸いと思っています。

平成28年9月

太田　吉洋

家族で学ぶ相続不動産の分割と活用法　目次

第2章　相続不動産の健康診断

第3章　紛争にしないための分割法

第4章　相続不動産の売却術

第5章　相続不動産の活用と戦略

第6章　円満相続の秘訣

第1章

相続不動産の問題と解決策

1　円満な相続にするための第1ステップ

円満相続に必要なこと

円満相続に必要なことは、相続財産とのかかわりとなる関連性と背景を見る必要があります。被相続人である親と受け継いでいく子供達に「関連性」がある不動産や他の資産はいったい何か、そして、その不動産に関連することになった「背景」とは何かを確認していくことになります。

背景とは、実際に起きた出来事や親である被相続人の気持ちや家族の状況などのことです。

その状況とは、相続全体を「綺麗な海」に喩えてみると合点がいきます。誰が見ても綺麗で、その場所に行けば日頃の疲れや悩み事を忘れることができる海。そこにたたずんでいるだけで、自然と心が癒されていく……。あなたもそんな経験をされたことがあるかもしれません。

そんな海が透明で美しい状態に保たれているのは、いったいなぜなのでしょう。地域のボランティアの方達が美しい状態を保つ努力をしてくれているからでしょうか、管理している企業がいるのでしょうか、それともその海に訪れる方は心が癒されてマナーがとてもよくなるのでしょうか。

おそらくは、綺麗な海が綺麗なまま存在し続けている理由は、1つではなく、多くの人達の努力や協力があり、そして自然の力があり、綺麗な海としてそこに来る人々に癒しを提供できているのだと思うのです。

この「綺麗な海」のように、相続が円満になるのも紛争になるのも、決して1つの理由ではなく、いくつかの要因があるはずです。

海が綺麗であるのはなぜかを知りたいと海の全体を見渡すように、相続も1つの要因にとらわれることなく、相続の全体を見渡す必要があります。それが相続の関連性とその背景なのです。

関連性とその背景を確認する

例えば、長男家族が実家で同居するようになったのは、母親の介護を行うようになったのがきっかけで、家族の協力のもと、何年も母親を支えながら生活を共にした場合は、実家と長男との関連性は大きくなるといってよく、日々努力している背景は、母親の心に触れることでしょう。

そして、母親としても、面倒を見てくれて家族で同居してくれたのだから、万が一のことがあったら、このまま実家を長男に引き継がせたいと思うのは自然な流れだと思います。

このような関連性とその背景が、子供達である各相続人それぞれに少なからずあるといってよいでしょう。子供達が、全く別々の不動産や資産に関連性があればよいのですが、そうはいきません。同じ不動産や資産に関連性を持っていることが多いのです。

考えてもみてください。もともとは、同じ屋根の下で生活を共にしてきたのですから、その時点で自宅の不動産は、子供達である各相続人それぞれに関連性があることになるのです。

1つの不動産に関連性が重なり合っていると、相続の問題に発展していく可能性があります。そのときは、相続不動産の「妥当性」を見ていきます。妥当性を見るときは、必ず関連性とその背景を確認した後の作業です。そうすることで誰に何を受け継がせていくべきかがわかってきます。

本当に守りたいもの

こうして「関連性」の交わる部分を把握することによって、被相続人である親や各相続人である子供達の「本当に守りたいもの」が見えてきます。

「本当に守りたいもの」とは、人それぞれで、価値観や家族の状況によっても変わってくることでしょうが、本当に守りたいものがわかっているのとわかっていないのとでは、その後の対策が全く違うものになるのです。

このような場合はいかがでしょうか。被相続人である親としては、先祖代々受け継いできた土地に存在する自宅は、同居して介護してくれた長男に引き継いでもらいたいとの思いがあり、そして長男家族もそのことを切に望んでいる場合です。

このときの「本当に守りたいもの」は、先祖代々受け継いだ土地とこれまで母親と一緒に同居した建物を長男に引き継がせることになります。するとどうでしょうか。これからしていく相続対策は、この母親が切に望む本当に守りたいことを守るための対策になるのです。

少し視点を変えた言い方をすれば、その他の不動産や財産は、他の相続人に譲り渡す選択肢も十

【図表１　相続資産のリレバンス】

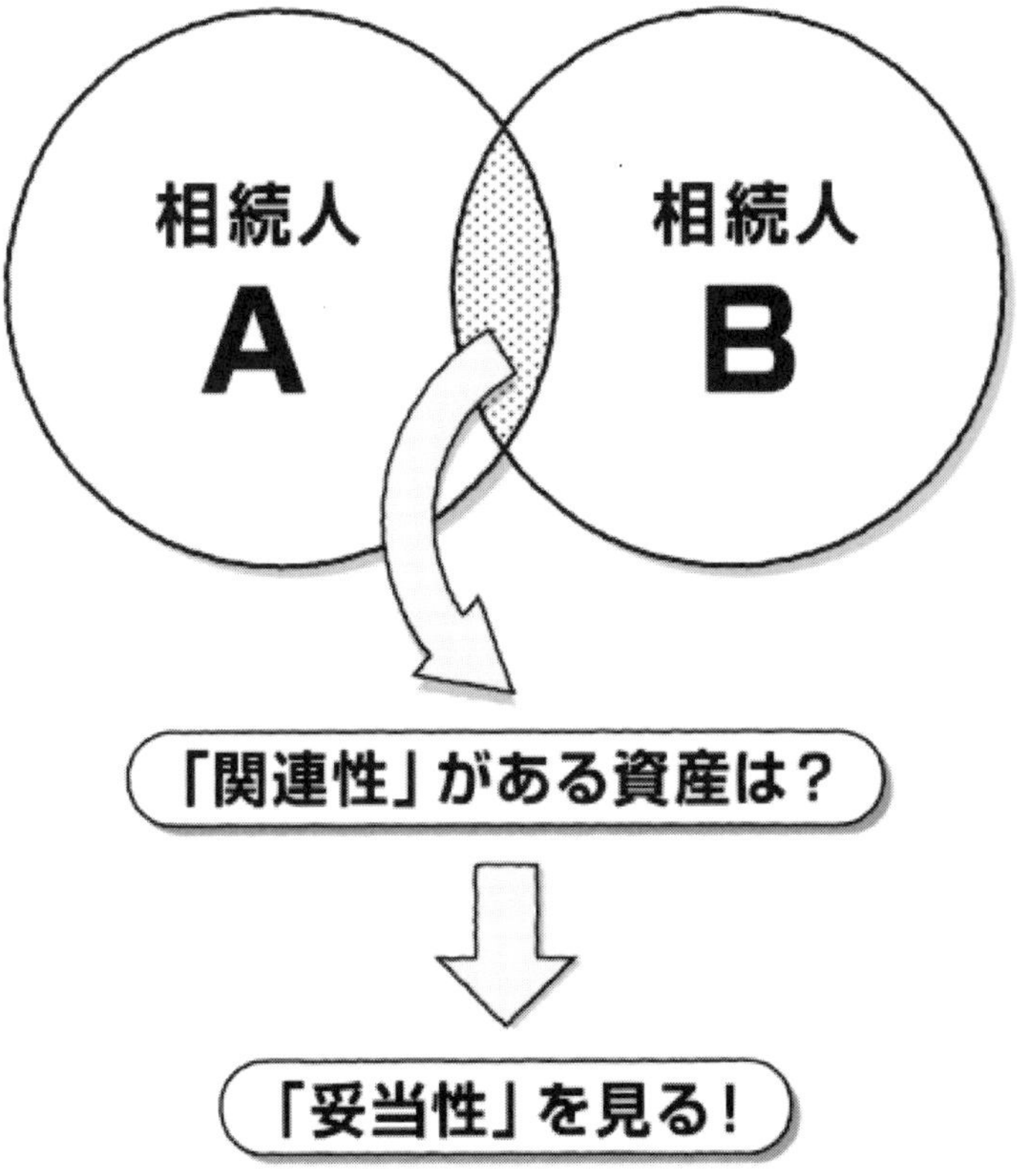

分考えられるようになるのです。

相続対策とは、相続税を少なくするだけではありません。本当に守りたいものを確認しそれを守るための対策が必要なのです。

もしも相続が紛争になってしまったとき、本当に守りたいものには理由が必要です。何の理由もなければ、財産を少しでも多くもらいたいのかと誰も納得しないでしょう。

しかし、そのときに関連性とその背景を理由として、しっかりと自分自身が説明することができれば、紛争解決の突破口が見えてくるかもしれません。そして、そのときは、「本当に守りたいもの以外」は喜んで他の相続人に譲り渡していけばいいのです。

冒頭で相続について「綺麗な海」に喩えて説明させていただきましたが、よく海を「母なる海」といいますが、もともと「うみ」から「産み」が連想されて母なる海といわれているそうです。

円満な相続をした親は、人類が産まれた海にまた帰っていくのかもしれません。

2　円満な相続の思考法とは

円満相続と紛争

円満相続と紛争になってしまう相続とでは、いったい何が違うのでしょうか。

「うちの家族は仲がよいから大丈夫」と言っていたのに、相続をきっかけに犬猿の仲になってしまったなんてこともありますし、「うちの家族は財産なんてないから大丈夫だ」なんて言っていたのに紛争になってしまったなんてことも起こります。

相続で紛争になってしまうのは、相続財産の大きい小さいではありません。必要なのは、親である被相続人と子供達である各相続人が歩み寄れる強い心なのです。

相続関係者全員が円満相続のことを考えていれば揉めることはないのですが、現実にはそうはいきません。それは経験や考え方のギャップがあるからに他なりません。

その経験や考え方のギャップを埋めていく必要性があるのですが、これまでの人生で生まれたときからの経験や考え方のギャップを埋めていくことは容易なことではありません。

子供の頃は、同じ屋根の下で住んでいたことから、経験と考え方のギャップの差はほとんどありませんが、大人になり、社会人になり、家族を持つとどうでしょうか。経験とギャップの差はどんどん広がる一方です。

母親の看病のために実家で同居している長男家族と、自由気ままに暮らしている次男とでは、経験と考え方に大きなギャップがあるといえます。また、長女の夫は、新築住宅を購入したときに何千万円と銀行から住宅ローンを借りた後、会社をリストラされて契約社員として働いている場合、金銭的な面でギャップが出てしまいます。

その他にも、離婚して片親で子供のいる場合や被相続人である親の営んでいた事業を引き継ぐような場合にも、大きな経験と考え方のギャップがあるといえるでしょう。

お互いが相手の立場で考える

このように生活環境などを考慮していくとギャップを埋めることは、容易なことではありません し、自身のことばかり考えていてはギャップを埋めるどころか広がるばかりです。

では、どのような考え方が望ましいのでしょうか。それは、親である被相続人は子供達である各相続人の立場になって相続について考え、子供達である各相続人は親である被相続人の立場になって相続について考えることが大切になります。

そして、それぞれの立場によって考え方や行動が変わってきます。親である被相続人が子供達の立場になって考えることとは、遺言書を作成することや相続不動産の分割について考えていくなどの具体的な行動を実践することが不可欠になる反面、子供達が親の立場になって考えることは、親の気持ちを汲んで思いやることなのです。

その思いやりに改めて気がついたとき、これまでの人生は幸せだった、家族に恵まれてよかったと紆余曲折の人生であったとしても温かい気持ちになれることでしょう。

しかし、いくらこのような考え方を持っていたとしても、相続人の1人が自分の利益のことしか考えないような自己中心的な考え方しかできないような人物だった場合は、経験と考え方のギャップを埋めることはおろか、まともな話合いすらできなくなる可能性があります。

【図表２　ギャップを埋める】

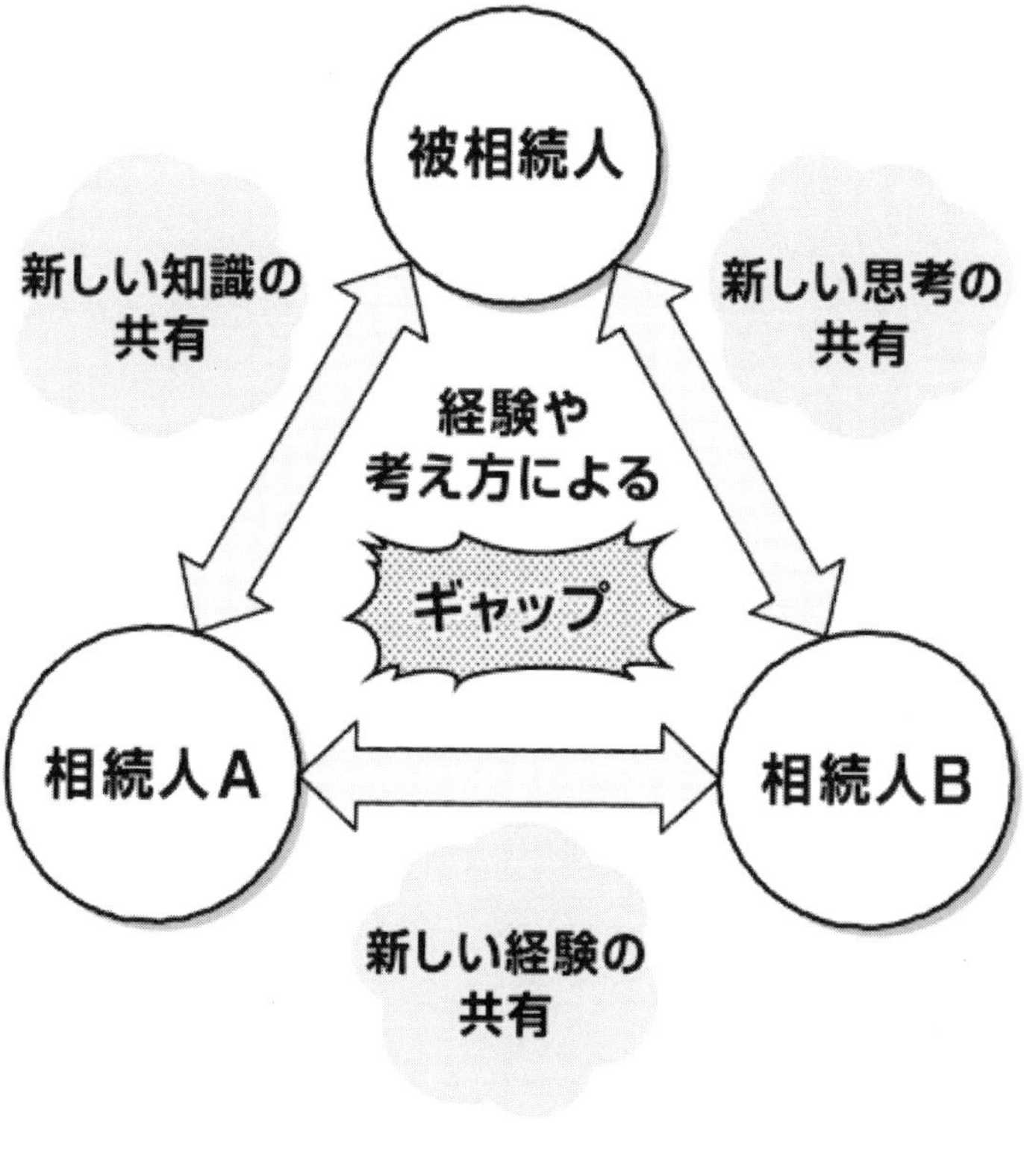

万が一そのような状況になってしまったらどうなるのでしょうか。それは【相続】から【争続】に変わってしまうことを意味します。

日頃からのコミュニケーション

そうならないためにも、日頃からのコミュニケーションが大切になります。

実家を離れて他県に就職したまま実家に何年も帰っていないのであれば、コミュニケーション不足の状態です。親に元気でいる姿を見せて安心させると共に、兄弟姉妹とのコミュニケーションの時間と考えましょう。

相続を意識することで、疎遠になっていた家族とのあり方をもう一度見つめ直すよい機会です。それは、決して資産をもらうための人道に反した行為ではなく、円満な相続にするためのきっかけですので、親の立場から見てもきっと微笑ましいはずです。

何よりも相続が発生するのは、いざというときに頼りにできる親の存在だったり、元気でいてくれるだけで安心できる親の存在がなくなるときです。

今まであまり気にしてこなかった兄弟姉妹の存在が心強い存在であったり、頼れる存在であったり、その大切さに気がつきます。相続を兄弟姉妹で乗り越えて相続後の関係性がより深まっていくのと、相続が紛争になってしまいその後の関係性が完全になくなってしまうのとでは、その後の人生に雲泥の差が出てくるのです。

3　相続財産の注意点とは

相続財産

相続財産には、どのようなものがあるでしょうか。当然ながら、亡くなった方のすべての財産が該当してくるわけですが、どのようなものがあるかよくわからない方も多いようですのでお伝えしますと、現金、預貯金、有価証券、土地、家屋、アパート、マンションなどの不動産、車、その他の動産物などがあります。

財産が多いのか少ないかに目がいくのは当然のことですが、注目すべきポイントは実は別にあります。それは、「相続財産のバランス」がどうなっているかを確認することなのです。

例えば、財産のほとんどが預貯金の場合と、財産のほとんどが不動産の場合とでは、相続の対策が大きく変わります。もしも財産のほとんどが不動産なのであれば、第2章でお話させていただく分割法を駆使して相続不動産の分割について考えていかなければなりません。

相続財産のバランスは、人によって様々なケースがあります。実家が賃貸暮らしで他の不動産も所有していないのであれば、必然的に不動産以外の財産で形成していくことになります。また、地主さんの相続やアパート、マンション、貸駐車場を所有している大家さんの相続では、不動産が占める資産の割合は大きくなることでしょう。

相続財産のバランス

それでは、あなたの相続財産はどのようなものがありますか。そして、そのバランスはどうなっていますか。

実は、それが把握できていない方が多いのです。把握できていないことによって、相続が発生したときに何をすればよいかわからなくなってしまいます。

しかし、相続財産のバランスを把握できていればどうでしょうか。

不動産の割合が多いことが事前にわかっていれば、他の資産とのバランスを考えて、分割についてじっくりと考える時間ができます。また、相続が発生したときに何をすればよいかわからないなどということもありません。

相続についていよいよ真剣に考えなくてはいけない時期に、相続財産のバランスを把握できていないと、思いもよらなかった問題が出てきます。

しかし、そのタイミングでは、時間もなければ、心の余裕もないので、相続問題に向き合っていく勇気もエネルギーも低い状態になってしまいます。

その結果、相続の問題が先送りになり、円満相続が遠くなってしまったなどということが起きてしまうのです。

相続財産の構成比

相続財産のバランスを確認することの重要性はわかっていただいたと思いますが、自分の財産の割合はわかったが、一般的に相続財産で不動産の割合はどうなっているのだろうと気になるのではないでしょうか。

そこで、国税庁の「相続財産の金額の構成比の推移」をもとに、過去の資産のバランスと現在の資産のバランスについて考えていきましょう。

平成６年の相続財産の金額の構成比を見てみると、土地、家屋を合わせた不動産の割合が何と76％もあります。

このように換金性の悪い不動産が資産の多くを占めていると、資産の分割で揉める可能性が高い状態になり、バランスの悪い状態にあるといえます。

不動産の相続財産の割合は、平成６年以降じりじりと下がっていき、平成18年からは多少上下があるもののほぼ一定の数字を保ち、横ばいとなっています。

そして平成26年には、不動産の割合が46・９％になっています。

■平成６年の相続財産の金額構成比における不動産の割合　76％

←

■平成26年の相続財産の金額構成比における不動産の割合　46・９％

この資産割合の変化は、経済の変化とともに変わってきていると考えますが、平成６年には異

【図表３　相続財産の金額と構成比の推移】

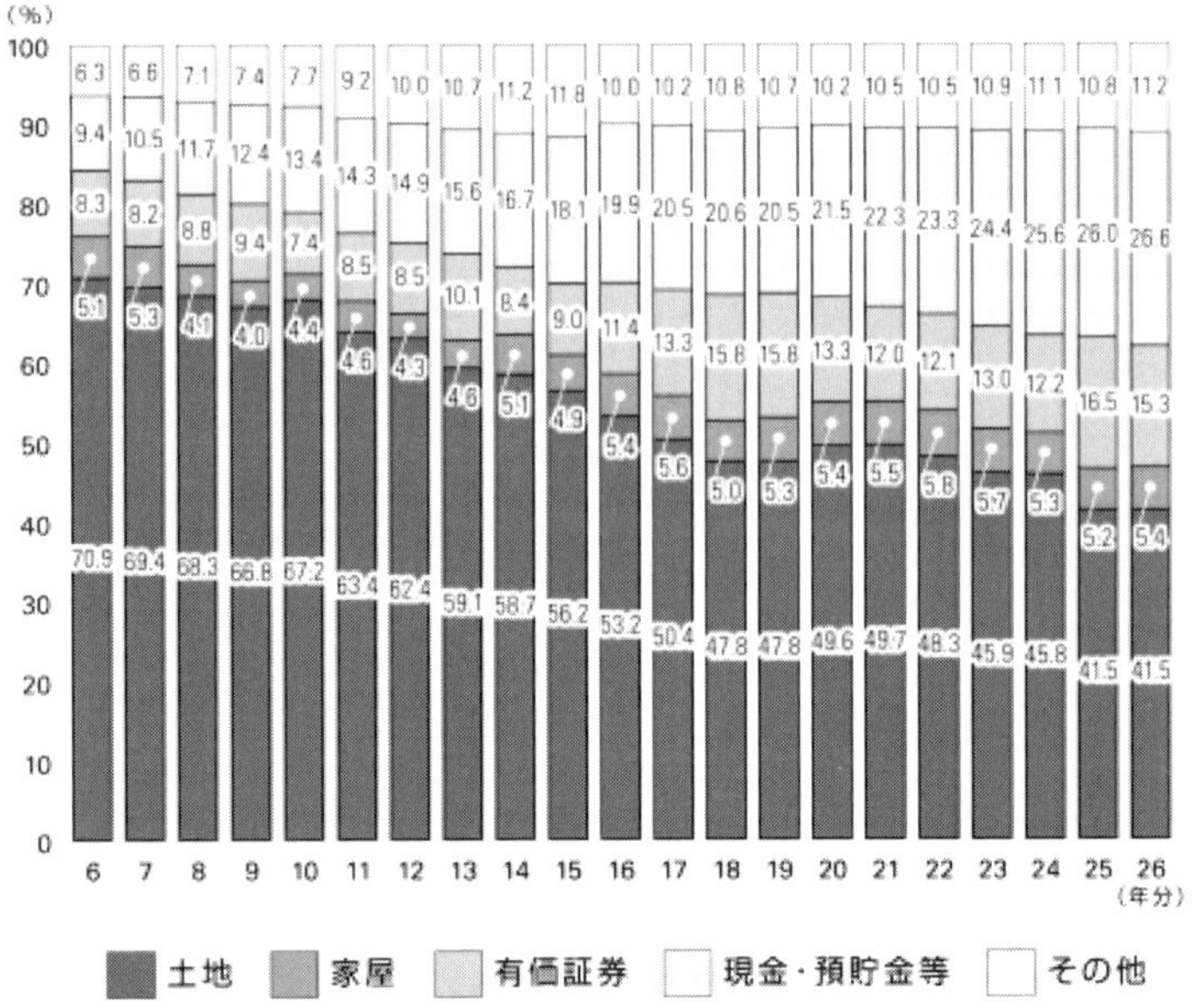

出所：国税庁「相続財産の金額の構成比の推移」から１部抜粋

常に高い割合を占めていた不動産が正常な割合になり、現金の割合も増えてきています。それだけ相続の分割はしやすくなってきているわけです。

　しかし、それは、あくまでも相続資産割合の不動産が70％以上あった時代と比べてのことで、現在でも50％近い割合を占めています。

　もちろん、この推移は、日本全国の統計になりますので、東京で多くの不動産を所有している場合の相続割合と、土地の単価が低い地方の不動産を多く所有している相続の割合では、割合の推移が違ってくるのです。

　あなたの相続資産のバランスは、

どうなっていますか。相続資産に不動産は含まれていますか、不動産の資産割合は何％ありますか。

ご自身の不動産の資産割合が何％なのかわからなかった方でも、心配する必要はありません。今からでも十分間に合いますので、相続不動産について確認して考えてみましょう。

その不動産を引き継がせたい方はいますか、その不動産の行く末はどうしていきますか―相続資産のバランスを意識した上で、第2章の分割方法について考えていきましょう。

4　相続不動産の問題点とは

不動産の換金性の悪さ

相続財産には様々なものがありますが、その中でも相続不動産をどのようにしていくかによって、その相続の内容は大きく変わることになります。そして、その相続不動産には、問題点が存在します。その問題点を把握しておくことで、相続を円滑に進めることができるようになるわけですが、その問題点とは、「不動産の換金性の悪さ」のことです。

「換金性」とは、いったいどのようなことをいうのでしょうか。それは、不動産をお金に変えることができるスピードのことで、もしもお金が必要になったときに、すぐに現金に換えられるかどうかの度合いのことです。

例えば、病気が発覚したのですぐにでも不動産を売却したい、現金で贈与したい場合や実家のリフォームを行いたいので短い期間で不動産を現金化したいと思っても、時間が掛かかってしまうのです。不動産は換金性が悪く、お金に換えられるスピードが遅いのです。

一般的な動産物は、支払いと同時に品物がすぐに手に入ります。また、所有している動産物を売却する場合であっても同じことがいえます。

しかし、不動産は、お金に変えるまでに時間がかかってしまいます。では、いったいなぜ、所有している不動産は現金化するのに時間がかかってしまうのでしょうか。それは、新しい購入者に対して、売主の立場である責任を果たしていかなければならないからです。

例えば、古家つき土地の売却をしようとした場合、不動産業者に査定のお願いをして売却金額を決定していきます。そして、売却する前の準備として、室内の清掃や荷物などの移動をして売却活動をスタートしていきます。その後、無事に契約になると、それから建物の解体や土地の測量を行いますので、物件の引渡しまでに時間がかかってしまうのです。

このような過程が必要になるので、売却するまでに時間がかかってしまいます。売却といってもそのまま売れればいいものでもなく、意外にやるべきことは多くあるといえます。

特に、土地の境界に関しては、基本的には明示しなければならず、境界杭がなければ売主の責任と負担で測量を行わなければなりません。

その測量期間が地域によって異なりますが、2か月~2か月半ほどかかることも少なくありません。査定、募集、契約、建物解体、測量と作業を進めていかなければなりませんので、購入者がなかなか見つからないと、簡単に3か月から半年ほど経過してしまうのです。

売却するタイミングが遅くなれば、相続納税期日の10か月間に間に合わなくなり、結局、買取専門の不動産業者などに相場より安い金額で売却し、手放すことになってしまいます。

早めに換金の手当を

不動産は換金性が悪いことを理解し、なおかつ現金化する予定がある場合には、早めに換金して備えておくことができます。

そして今後の日本は、少子化問題により、不動産の需要と供給のバランスが今以上に崩れていき、換金性はより悪くなる可能性がありますので、相続不動産の計画を立てることが今まで以上に重要になってくるのです。

5　申告納税期間10か月は赤ちゃんのため？

相続税の申告納税期限

相続税の申告納税は、相続の開始を知った日の翌日から10か月以内に行わなければならないことになっています。

10か月と聞いて、あなたはどう思われたでしょうか。期間が長いから安心して相続の手続を進めていけると思ったでしょうか。それとも10か月の期間はとても短く、相続の手続が無事に進めていけるか心配なのでできるだけ早く進めていこうと思われたでしょうか。

この感覚は、相続内容によっても異なりますし、個人差もあることでしょう。しかし、皆さん、最初は、期間が長く安心だと思われていても、しばらくすると10か月の期間は短いのだと意見を改めることになるのです。

その気持ちの移り変わりは何故起きるかといいますと、相続が発生してからは、やらないといけない作業が一気に押し寄せてきて、一息つくような暇などはなくなってしまいます。相続発生後のスケジュールは、通夜や葬儀の段取り、死亡届の提出、通夜や葬儀、香典返しの品決めや手配、四十九日の段取り、四十九日と忙しくなり、想像以上に疲れます。

喪主を務めることになると、会社に勤めながらでは大変な労力になりますし、相続人や利害関係者が多いと、1つひとつの作業にひどく時間がかかる場合もあります。これらのスケジュールをこなしていくには、家族や各相続人のサポートが必要になります。四十九日を終えると、ようやく一息つけるようになり、「相続資産や納税のことも考えていかなければ」と思えるようになります。

相続対策をまったく行ってこなかった場合、これからがやっと相続不動産について考えていけるのです。とかく遺産のことは後回しになってしまいがちなのです。

相続税を納税しなければならない10か月など、あっという間に過ぎてしまいます。特に、普段、相続のことをあまり気にしていなかった人の場合には、とても早いものです。

相続人にはお腹の中の赤ちゃんも含まれている

ところで、なぜ納税が10か月以内になっているのか考えてみましょう。

実は、相続人の１人には、お腹の中の赤ちゃんも含まれているからです。妊娠中に相続が起きることは、あまりあることではありませんが、現実には起こり得ることです。

例えば、それまで子供がいなかった夫婦のご主人が亡くなり、奥さんが妊娠していたようなケースです。子供がいる・いないによって、第1順位の妻と子による相続になるか、第2順位の妻と父母による相続になるかで違いが出てくるのです。

胎児は、無事に生まれれば、１人の相続人（子）として扱われることになります。妊娠から出産までの期間は、一般的に十月十日《とつきとおか》とされていることから、10か月は、相続発生時にお腹に赤ちゃんを授かっていたかの目安になるわけです。

納税期間の10か月は、他ならぬ「赤ちゃんのため」といっても過言ではないのです。

ペナルティーは

それでは、もしも納税期間の10か月以内に納税ができなかった場合どうなるのでしょう。それは、

■相続税の延納による加算税がかかる
■配偶者控除の特例が使えなくなる
■小規模宅地等の特例が使えなくなる

などのペナルティーが課されますので、注意が必要です。

配偶者控除の特例と小規模宅地等の特例は、後ほど説明しますが、使うことができるのであれば、とても手厚い特例ですから、使うのと使わないのとでは納税額に大きな差が出ることになります。

これらのことを考えると、相続の話合いがなかなかまとまらない場合であっても、各相続人がペナルティーを避けるために、目標を納税期間に設定することになります。そして、相続分割協議が円滑に進められるように共に頑張り、話合いをしていく状況がつくられることになるのです。

6　もし親に借金があったら？

相続の方法の選択

相続が起きると、3か月以内にやらないといけないことがあります。それは、相続の放棄または単純承認か限定承認のいずれかを選択するときです。そして、相続の放棄か限定承認を選択する場合には、家庭裁判所への申し立てが必要になります。

これは、つまり、相続の方法を選択することです。

相続財産は、プラスのものだけではありません。借金もマイナスの財産として相続財産とみなされることになります。相続とは、「プラスの財産もマイナスの財産もすべて引き継ぐこと」が基本的な考え方になります。

このことを踏まえて説明していきます。

① 単純承認とは、基本的な相続方法でプラスの財産もマイナスの財産もすべて引き継ぐこと（相続が生じてから3カ月以内に何もしなければ単純承認をしたと見なされる）

② 相続の放棄とは、プラスの財産もマイナスの財産もすべて放棄すること

③ 限定承認とは、プラスの財産の範囲内でマイナスの財産も引き継ぐこと

この３つの説明を受けて、あなたはこう思いませんでしたか。

単純承認と相続の放棄は、理解できました。でも、最後の「限定承認」って、何なのですか。プラスの財産の範囲内でマイナスの財産を引き継ぐって、いったいどういうことですか……と。

筆者も最初はそう思いました。

そこで、限定承認とは、どういうときに選択されるべきなのかを考えます。

・被相続人がギャンブル好きで多額の借金があるかもしれないが、ないかもしれない

・借金がありそうだがよくわからない

・万が一、莫大な借金があったらどうしよう？

このような状況だと、「単純承認」すべきか、「相続放棄」すべきかの判断なんて、できるわけがありません。

どのくらいの借金があるかわからない、どの相続方法を選択すればいいかわからない相続人は、とてつもなく不安で、夜も眠れないほどの悩みを抱えてしまうことになります。

そのような「不透明な相続」の場合に、限定承認は有効なのです。なぜならば、「プラスの財産の範囲内でマイナスの財産を引き継ぐ」ことができるからなのです。

もうおわかりになられたと思いますが、限定承認とは、「不透明な相続」で不安な相続人を守るための方法なのです。

限定承認の注意点

限定承認には、注意点があります。それは、相続人全員の合意が必要になることです。相続の放棄が単独でできるのに対し、限定承認は相続人全員です。相続人のうち、1人でも反対が出れば、限定承認を選択することはできなくなります。

ですから、どの相続方法を選択するかどうか、いずれにしても相続人全員で話し合う必要があることになります。

ただし、相続人のうち相続放棄をした人がいた場合には、その人以外の同意が得られれば限定承認はできることになります。

7　サソリの毒にご用心

サソリの毒とは

相続の問題点は、初めから問題になっているものばかりではありません。それどころか、問題の要因であることすら気がつかない場合も多いのです。それほどまでに、問題の要因はわかりにくいものになります。

その理由は、同じ相続の内容は2つとないからに他なりません。内容とは、相続財産の状況、バランスであることや家族構成や親である被相続人の「気持ち」によっても変わってくるからです。

しかし、どのような相続であっても共通していることは、紛争に発展する可能性がある問題の要因を必ず潜ませていることです。

この相続問題に発展する可能性がある要因のことを筆者は「サソリの毒」と呼んでいます。

サソリに喩えたのは、どこに毒が潜んでいるかわかりにくいことや、刺されてしまっていても毒でマヒしてすぐには問題に気がつかないにもかかわらず、相続問題が現実味を帯びてくると、一気に毒が広がってしまうことがサソリのイメージにピッタリだからです。

問題になる前に問題点を発見するのはなかなか難しいことですが、事前に問題点を発見できれば、問題を事前に防ぐことができます。サソリの毒が広がる前に摘出する作業を行うのです。

サソリの毒の発見法

「サソリの毒」の発見法としては、これまで第1章で説明してきましたように、相続の関連性とその背景を確認する作業をするのですが、その後にやることとしては、万が一相続が発生した場合に、相続の内容によってはとても困ってしまう人がいるかを検討します。

もしも、相続の内容によっては、すごく困ってしまい、夜も眠れないような悩みに発展してしまうのであれば、それこそが「サソリの毒」なのです。

例えば、父親名義の土地に、長男が銀行からお金を借りて長男名義で新築住宅を建築、その後、父親が亡くなり相続が発生した場合、長男が住宅を建てた土地が父親名義であることから、その土地も相続の対象となります。普通に考えれば、長男に譲り渡していく考えがあったからこそ、長男がその土地に住宅を建てることを認めたことは容易に想像できます。

しかし、何の対策もされていない状態で、他の相続人からの協力が得られない場合は、どうなってしまうのでしょうか。

他の相続人の名義になってしまうようなことになれば、長男名義の建物が他の相続人名義の土地に存在していることになってしまうのです。そうなると、借地料などが発生する事態にもなりかねません。相続が揉めたままの状態で、土地の相続登記がされていない状態であっても、困り事は絶えません。

もし、長男が建物を売却しようとしても、土地の相続登記を完了しなければ、売却することもできません。相続が紛争に発展した場合、そのような協力が得られない可能性も出てきてしまうのです。

このように、相続が発生したときに、相続の内容によっては、夜も眠れないほどの悩みを抱えてしまうことがサソリの毒なのです。通常は、発見することが非常に難しいものなのですが、第１章からの相続の内容を確認していくステップを踏むことで、発見できる可能性が上がります。

サソリの毒の摘出法とタイミング

それでは、サソリの毒の摘出法とは、どのようなものでしょうか。それは、具体的な対策を実践することに他なりません。

前述の喩えでお話した内容であれば、対策としては、生前に長男に名義を移しておくことや遺言により土地に関しては長男に相続させる旨の内容を記載しておくことです。それにより、最悪の事態を回避することができるのです。

そして、サソリの毒である問題点を摘出するタイミングも重要です。タイミングとしては、相続発生前と相続発生後がありますが、相続発生前に問題点を取り除くことができれば、より健全で安心な円満相続にしていくことができます。しかし、立場や状況によっては、相続発生前に問題点を

【図表４　相続の世界のサソリの発見と対処】

取り除くことが難しい場合もあります。

そのような場合には、相続発生後になってしまいますが、それでも「サソリの毒」である紛争に発展しそうな問題点を事前に発見し、把握できているか把握できていないかで、相続発生後にスムーズに円満相続へと進んでいくことができるかの別れ道になります。

相続で大切なことは、相続財産のうちプラス財産とマイナスの財産、金銭と不動産における相続財産のバランス、各相続人の背景にあるものなど、全体を把握することにあります。

そして、相続が発生することにより相続が紛争になり、不幸せにしてしまう「サソリの毒」はどこにあるのか毒の存在を把握して、それを取り除くことができ、そうすることで相続財産を安心で安全な状態にすることです。それによって、より健全な相続を迎えることができます。

相続の世界に迷い込んだ一匹のサソリ、そのサソリの毒を発見して摘出することで、「毒毒しい相続」から、毒がない安心で安全な相続に変わるのです。

8　相続ハリケーンにご用心

相続ハリケーンの襲来

相続とは、亡くなっていく者と受け継いでいく者の問題になりますが、時として、一見、相続とは無関係に見えるものであっても、関係性を帯びてきてしまうことがあります。それは、被相続人が会社を経営していたり、個人事業主であったりした場合に起こり得ます。

なぜかというと、会社を経営していると、個人と会社のお金の流れがより密接になっている場合があるからです。その理由としては、会社が黒字経営で利益が出ておりバンバンに儲かっている場合は、経営者は役員報酬として給料を上げる場合もあるでしょう。しかし、一転して赤字経営が続くようなことになれば、銀行からの融資も受けられなくなります。

その結果、個人のお金を会社に貸すことになるのです。最初は、一時的な貸し借りであったとしても、赤字経営が続けば、個人から会社に貸したお金はどんどん増えていくことになります。

銀行からの融資を受けられたとしても、会社の代表者が不動産を所有している場合、銀行は不動産を担保にする代わりに融資を承認するのです。会社の代表が亡くなり、その相続人である長男が会社の後継者として働いていた場合は、いったいどのようなことが起こるのでしょうか。

このような状態で相続が発生した場合は、個人から会社に貸した借金や銀行からの融資を受けるために設定した不動産の担保も無視できなくなってきます。このようなことを把握した上でしっかりとした対策をしていればよいのですが、対策をしていない場合、相続問題はより複雑になってしまう可能性を秘めています。

会社の後継者である長男は、個人の相続について考えるとともに、会社と切っても切り離せない相続問題についても解決していかないといけなくなります。

【図表５　相続ハリケーン】

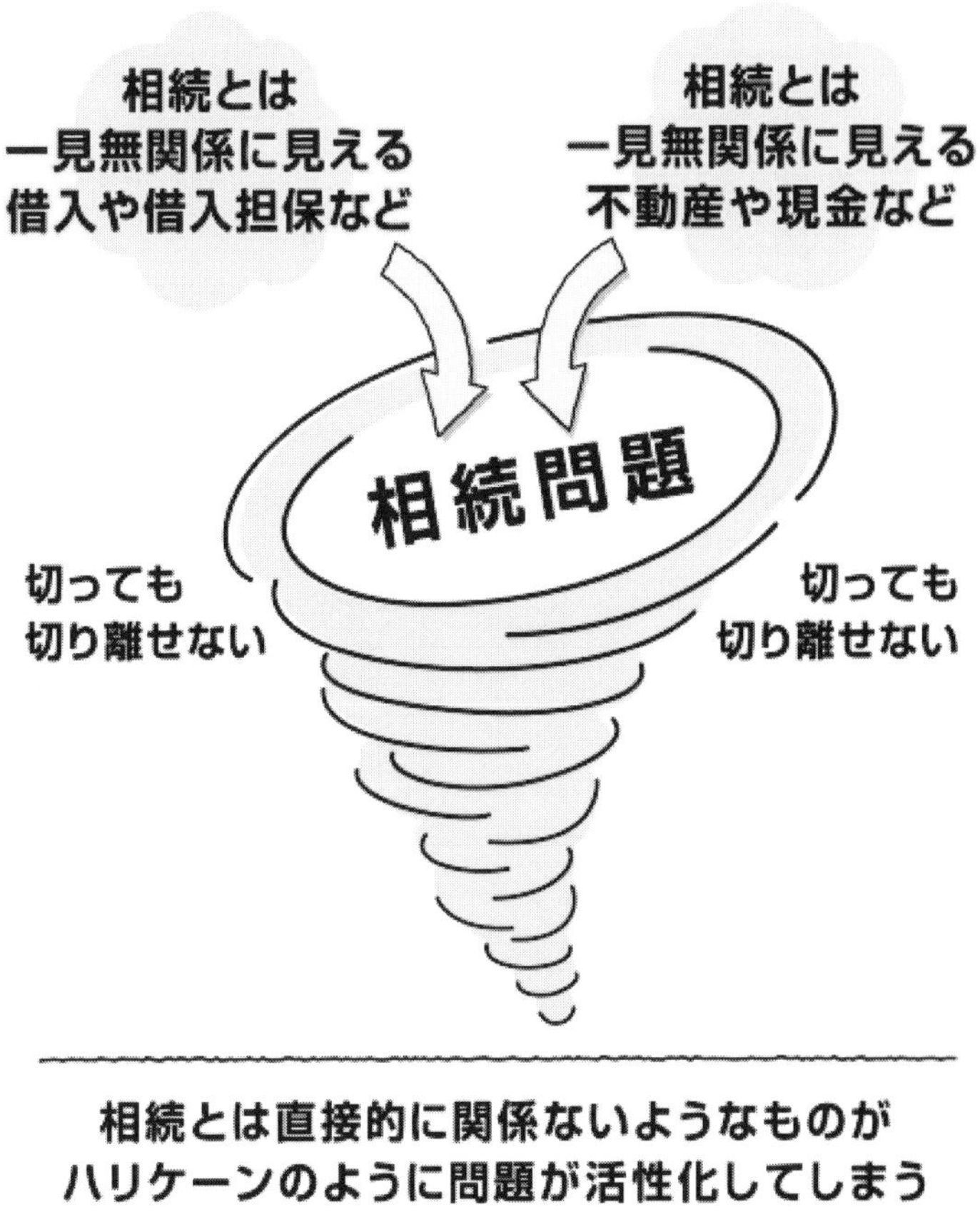
相続とは
一見無関係に見える
借入や借入担保など
相続とは
一見無関係に見える
不動産や現金など
相続問題
切っても
切り離せない
切っても
切り離せない
相続とは直接的に関係ないようなものが
ハリケーンのように問題が活性化してしまう

このような状態になると、考え方を個人の「本当に守りたいもの」から「会社として本当に守っていかなければならないもの」に、パラダイムシフトを起こさなくてなりません。そうすると、会社のことを考えている長男と、個人のことを考えている他の相続人とでは経験と考え方のギャップがそれまで以上に大きくなってしまうことがあります。

会社の経営にかかわり、親である被相続人の働く背中を見てきて理解がある場合は、相続人同士で協力してこのような問題を解決していくことになると思いますが、万が一、ギャップが大きくなったあまり、各相続人が協力していくことが困難な場合には、一気にいろいろな問題が勃発する可能性を秘めています。一見、相続とは無関係に見えるようなことであっても、切っても切り離せない内容が増えてきます。

例えば、会社の借入の担保になっている相続不動産はどうすればよいのか、個人から会社に貸していた借金はどうするのか、その借金は視点を変えれば会社の代表であった被相続人が借りたという見方もできますし、会社の経営がよかったときに会社から出したお金といった見方もできなくはないのです。見方によっては意見が大きく食い違ってしまうのです。

筆者は、このような状況を相続ハリケーンと呼んでいます。少し大げさかもしれませんが、相続で起きている問題を中心として、その周りにある一見相続とは無関係に見える物や人も影響を受けて、グルグルと渦を巻きながら大きくなっていくイメージがあるのです。

この「相続ハリケーン」が巻き起こると、円満相続のために、これまでの経験と思考とのギャップを埋めようとしても、相続人の間でなかなか理解が進まない状況になりかねません。

もしも、「相続ハリケーン」になる要素が大きいのであれば、より相続に対して注意を深めていく必要があります。そして、具体的な対策の実践が求められます。この「相続ハリケーン」を解決できなければ、会社をたたむことも選択肢に入れて検討する必要がありますが、被相続人がそれを望んでいたかどうか、各相続人は考えていく義務があるように感じます。

相続ハリケーン対策

この「相続ハリケーン」の対策には、勇気と実行力が必要になります。なぜならば、いろいろな要因がからみあっているため、時間と労力がかかりますし、どの立場であったとしても利害関係者に伝えづらい要素があるからなのです。

「相続ハリケーン」を撃退するためには、勇気を持って立ち向かわなければなりませんし、早い時期に不動産の整理や事業承継や個人と法人の切っても切れないような項目の整理などをしておくのがよいでしょう。

「相続ハリケーン」にならないためには、危険予測をしなければなりません。その危険予測を車の運転と信号機に例えるとわかりやすいです。

皆さんご存知の信号機は、赤・青・黄の３色でできていますが、ここでの危険予測のプロセスとしては、黄↓赤↓青の順番になります。黄色信号のときは危険予測を行い、注意して運転しなければなりませんし、これから相続をどの方向に進めていくかのハンドルさばきも慎重にしなければなりません。そして、これからくる赤信号にそなえて停車できる状態にしておくのです。

何よりも、危険予測について考えることが大切で、どのような危険が潜んでいるか検証することで、黄色信号から赤信号のプロセスに進んでいけるのです。

赤信号になるとしっかりと停車して、周りを見渡して相続について考え、試行錯誤しなければなりません。試行錯誤のプロセスを行うことで、青信号になるタイミングが来ます。そして、青信号になったときには、アクセルを踏み込んで相続対策を実践していくことになるのです。

●相続における危険予測のプロセス

・黄信号　危険予測の検証を行い、赤信号の準備をする
・赤信号　相続問題を検証して、相続対策の試行錯誤を行う
・青信号　相続対策を実践する

このプロセスを意識していないと、現状がどのような状態になるのか把握できませんので、相続の問題点に気がつくのが遅れ、相続問題が発生したときにあたふたしてしまいます。そのような事態にならないためにも、黄信号・赤信号のプロセスを歩むことで、青信号になったときに状況判断ができるように、しっかりと決断していくことができるのです。

先延ばしにしがちの相続対策ですが、気がつかないうちにハリケーンの渦がどんどん大きくなり、相続ハリケーンを襲来させてしまい、相続問題がにっちもさっちもいかなくなってしまうのです。

第2章

相続不動産の健康診断

1　自宅の評価診断法

相続不動産の評価

もし、万が一のことが起こった場合に、果して相続税額を払わなければならいのだろうか。支払うのであればどれほどの相続税を支払うことになるのだろうか。気にはしているが、行動には移していない、でもそろそろ考えていかないと思われている方は多くいらっしゃいます。

そのような場合は、相続資産割合の多くを占める不動産の評価方法がわかっていれば、相続税額のある程度の目安がわかるようになります。そこで、相続不動産の評価について説明します。

相続不動産の評価は、土地や建物の用途や種類によって評価方法が異なる点に注意が必要です。例えば、自宅か、それともアパートやマンションなどのように賃貸しているのかによって異なってきます。

ここでは、「自宅」、「戸建賃貸」、「アパート・マンション」について、その相続不動産の評価方法を説明していきます。

土地の相続税評価は路線価方式と倍率方式

まず、自宅の土地の評価についてですが、土地の相続税評価は、「路線価方式」・「倍率方式」の

２種類の方法で算出されます。

①　路線価方式

前面道路に路線価がある地域では、路線価を基準に算出する「路線価方式」になります。路線価は、国税庁の路線価サイト（→http://www.rosenka.nta.go.jp/）において全国について確認することができます。

国税庁の路線価サイトにアプローチすれば、道路に数字が記載されているのが確認できます。これが「路線価」と呼ばれるものです。１平方メートル当たりの単価が1，０００円単位で記載されています。

例えば、「３００」と数字が記載されていれば、１平方メートル当たり「30万円」になります。そして坪換算にしたい場合には、１坪＝３・３０５７平方メートルなので、３・３０５７をかければ、坪単価を算出することができます。

単価がわかれば、「土地面積×単価」で土地の評価を算出できます。

②　倍率方式

一方で、前面道路に路線価がない地域の場合には、土地の固定資産税評価額に、地域ごとに決められている倍率をかけて評価します。

倍率は、地域によって異なります。この倍率も、国税庁の路線価サイトで地域ごとに確認することができます。路線価が定められていない地域の土地などを評価する場合に用いることになります。

つまり、土地についての評価額には、路線価方式で用いられる相続税路線価、倍率方式で用いられる固定資産税評価額と2つの価格が存在することになります。

建物は固定資産税評価額

次に建物の評価ですが、建物の固定資産税評価証明書の評価額を基準に算出されます。

固定資産税評価証明書は、役所で取得することができますが、誰でも取り寄せられる書類ではありません。

基本的には、所有者本人が取得しなければなりませんが、所有者が取りに行けない場合には、委任状を書くことにより、委任した者を代理人にして取得することができます。

すでに相続が発生している場合には、法定相続人であれば誰でも取得することができますが、戸籍上被相続人と取得者の繋がりを証明する必要がありますので、戸籍謄本などを持参する必要があります。

知っていて得する小規模宅地等の特例

路線価方式や倍率方式で算出した土地の評価については、これを軽減できる特例があります。

それは、「小規模宅地等の特例」です。一定の要件に該当して条件を満たすことができれば、居住用であれば「土地評価330平方メートルまで」80％の軽減を受けることができます。

一定要件の一部には、次の３項目があります。

・被相続人と生計を一にしていた相続人の居住用に使われていた宅地であること。
・被相続人の配偶者または被相続人と同居していた親族の相続であること。
・相続税の申告期限10か月間まで所有し、居住し続けること。

この場合のポイントとしては、被相続人が所有し自宅として住んでいたことと、同居していた相続人がこの不動産を受け継ぐ場合に限られるということになります。

例えば、被相続人と同居していたのは長男で、その後相続税の納税期間までの10か月間居住を続けてきたとしても、相続登記の移転先が次男では、この制度を使うことはできません。同居していたのが長男であれば、長男がその土地と建物を引き継いで、相続登記を行う場合に、この制度が利用できることになります。

ちなみに、二世帯住宅に居住の場合にも、同居として扱われます。したがって、資産規模がかなり大きいのであれば、計画的に二世帯住宅を建てて同居することは、相続税の節税に繋がります。

このように土地の評価は土地に接道している全面道路の路線価で算出し、建物は固定資産税評価証明書で評価が出ます。そして、その土地は、小規模宅地等の特例に該当しているか否かを確認すれば、概ねの不動産の評価が算出できます。

すなわち、次のように、その不動産の評価額とその他の預貯金などの資産を合計した金額と、相続税の基礎控除額と比較することにより、相続税がかかるかどうかの目安とすることができます。

・基礎控除額＝3，000万円＋法定相続人1人当たり600万円
例：妻1人、子2人の場合
3，000万円＋600万円×3＝基礎控除額4，800万円
・プラスの財産－マイナスの財産－基礎控除＝課税評価額

不動産の評価とその他の預貯金などのプラスの資産の合計額を出してマイナスの財産がもしもあるようであれば、プラスの財産からマイナスの財産を差し引きます。その差し引いた金額が、基礎控除を下回っているのであれば相続税はかからない可能性が高いですし、基礎控除を上回っていれば相続税がかかってくるといえます。

その他の控除も多くあるので、ここではある程度の目安を確認する作業となります。大幅に控除額を上回っているのであれば、専門家に相談し、場合によっては対策を検討するのもよいでしょう。

2 アパート・マンション・戸建賃貸の評価診断法

賃貸物件の評価は、自宅の評価と異なります。自宅として住んでいるのと賃貸物件として貸しているのとでは、評価方法が変わるからです。それは、借地権の観点から、人に不動産を貸すことで評価が軽減されるためです。

自宅の土地は自用地で計算するのに対して、賃貸物件の土地評価は貸家建付地となり、評価方法

は次のようになります。

貸家建付地（アパートや賃貸マンションなどの賃貸物件のある土地）の評価

貸家建付地の評価＝路線価×敷地面積×（１－借地権割合×借家権割合×賃貸割合）

この計算式で貸家建付地の評価を算出することができますが、聞きなれない言葉が出てきて、よくわからないのではないかと思いますので説明していきます。

・借地権割合

借地権割合とは、借地事情が似ている地域ごとに定められていて、路線価図や評価倍率表に表示されています。路線価格の横に記号が付され、図の上のほうにある表に、その記号の示す借地権割合の数字が記入されています。

倍率表については、倍率の書かれた欄の横の欄に借地権割合が数字で示されています。

・借家権割合

借家権割合は、全国のほとんどの地域が30％になっています。

・賃貸割合

賃貸割合とは、賃貸で募集している割合になります。

例えば、10戸タイプのマンションを所有していて空室が3室ある場合には、３室すべてを賃貸物件としての募集活動をしていれば、賃貸割合は１００％になります。

しかし、3室中の1室を賃貸の募集活動を止めて、所有者である大家さん自身が物置として使うのであれば、10戸中の9戸を賃貸として使用していると見なして賃貸割合は90％になります。

以上の説明を踏まえて貸家建付地の計算をしてみましょう。

・貸家建付地評価の例

敷地面積200㎡・路線価30万円・借地権割合60％・借家権割合30％・賃貸割合100％の場合の計算は、次のとおりです。

200㎡×30万円×（1－60％×30％×100％）＝4，920万円

貸家の評価

貸家の場合の建物評価も、自宅の建物評価とは異なります。もともと自宅であった建物が、使用しなくなり、空家になったので戸建賃貸として貸している場合や、最初から戸建賃貸として賃貸経営をする目的で新築した場合、中古の物件を購入した場合は、この評価法に該当します。

自宅の建物評価は固定資産税評価額でしたが、貸家の場合は次の計算式になります。

貸家の評価＝固定資産税評価額×（1－借家権割合×賃貸割合）

・貸家評価の例

建物固定資産税評価額5，000万円・借家権割合30％・賃貸割合100％の場合の計算は、次のとおりです。

5，000万円×（1－30％×100％）＝3，500万円

賃貸物件の評価額は、自宅よりも評価額が低く設定されているため、この2つを使い分けることにより、不動産の評価額が見えてくることになります。

3　二世帯住宅の相続

二世帯住宅の種類

二世帯住宅にも種類があり、大きく次の3つの型に分けることができます。

・同居型二世帯住宅
・半同居型二世帯住宅
・完全分離型二世帯住宅

ところで、こうした二世帯住宅の場合にも、小規模宅地等の特例は使えるのでしょうか。答えは、3つの型のいずれの住宅にも適用できます。

それでは、「この特定を最初から受ける目的」で、二世帯住宅を建設する場合には、どのようなことに注意をしなければならないのでしょうか。

実は、二世帯住宅を建設する前から、相続発生後の建物の活用法について考えることで、より充

実した相続対策になるのです。というのは、二世帯住宅のつくり方によって、相続後の活用法が変わってくるからです。

もし、何も考えずに二世帯住宅を建てて相続が発生した場合には、次のような問題点が起きることが考えられます。

・使わない無駄なスペースができたままになってしまっている。
・賃貸で貸そうとしても間取りが変わっていてなかなか借り手が見つからない。
・売却しようとしても二世帯使用の間取りになっているため、ターゲット層がかなり限定されてしまい、上手く売却することができない。

このような不動産を受け継いだ相続人は、相続が終わり、数年が経過した頃には、以上のような問題により、もう1度住まいについて考えることが必要になります。

しかし、改善しようとしても、容易に変更できるものではありません。では、いったいどうしたらよいのでしょうか。

その問題解決策をお話する前に、3種類の二世帯住宅について、詳しく説明していきます。

① 同居型二世帯住宅

同居型二世帯住宅とは、古きよき時代の昔からある同居のあり方です。

入口は1つ、キッチン、浴槽などの水回りも1つで、通常の一戸建の造りに、2つの世帯が入るイメージです。

【図表６　二世帯住宅の相続対策①】

二世帯住宅の建設

―メリット―

建物の建築により資産の圧縮になる

▼

小規模宅地等の特例

―メリット―

同居により相続が発生した場合にも
小規模宅地等の特例が適用でき、
330 ㎡まで80%減することができる

▼

賃貸経営

―メリット―

相続発生後空室を賃貸物件として貸
し出すことで、家賃収入が得られる

常に2つの世帯が顔を合わせてコミュニケーションが取れるという利点はありますが、反面、それが同居する人達のストレスになってしまう場合もあります。

相続の観点から見ますと、相続後に被相続人が住んでいたスペースが空いてしまうため、有効活用ができない無駄なスペースができてしまいます。

他の住まいに移り住み、賃貸物件として貸し出す方法を採った場合にも、二世帯使用になっていると、顧客ニーズに比べて室内が広すぎるため、家賃単価がなかなか上げられない側面があります。

この方式で、有効活用をして賃貸経営を成功させたいのであれば、シェアハウスに移行していく方法があります。

シェアハウスにすることで、建物の有効活用もできますし、各部屋で家賃設定ができますので、家賃単価も上げることが可能です。

通常の賃貸物件のままで、住人が退去してしまうと家賃収入はたちまちゼロになってしまいます。100かゼロの賃貸経営を強いられてしまいますので、リスクを分散できません。シェアハウスにすることによって、リスクを分散させることができるのです。

② 半同居型二世帯住宅

半同居型二世帯住宅とは、玄関こそ一緒でも、キッチン、ダイニング、浴槽、洗面などのコミュニティースペースは、各世帯で別々にスペースのある住宅をいいます。

同居人それぞれが、一定のプライバシーを保つことができますし、プラン次第では共有にするもの・しないものを選択していくことができます。

一見よさそうに感じます。しかし、相続後のことを何も考えないで建物のプランをつくってしまうと、プランによっては相続後の有効活用が全くできない状況になりかねない懸念があります。リフォームによって半同居型から完全分離型に変更していけるようなプランにし、地域のニーズに合わせた間取りにしていく必要があります。

③　完全分離型二世帯住宅

完全分離型二世帯住宅とは、文字どおり世代間の生活スペースが完全に分離されている住宅を指します。完全に分離されていることによって、相続後の不動産の有効活用が予め用意されている住宅といえます。

相続の視点から二世帯住宅を考える

前述の３つの住宅のいずれでも、小規模宅地等の特例を受けられることには変わりはありませんが、居住者の好みで、好きな二世帯住宅にしてしまって、果していいのでしょうか。

相続の観点から見たとき、どのタイプの二世帯住宅にすべきなのでしょうか。答えとしては、「完全分離型二世帯住宅」にすべきなのです。

そうすることによって、被相続人である親が住んでいた住まいを賃貸として貸し出し、「賃貸併用住宅」に変換することができるのです。

賃貸経営を成功するためには、住宅建築を最初の二世帯住宅の建築のときから考えて、「二世帯住宅」から「賃貸併用住宅」に変換できるように企画していくのです。

「完全分離型賃貸住宅」には、もう1つ大切なことがあります。それは、「世帯の分け方」です。二世帯住宅をイメージするとき、みなさんはどのようなイメージを描くでしょうか。1階にはお父さんとお母さん、2階には息子夫婦のようなイメージを持つ人も少なくないように思えます。

でも、この上下タイプの住宅で相続が発生し、賃貸併用住宅に変換した場合、どのようなことが起こるでしょうか。

足腰の弱くなってくるお爺ちゃんやお婆ちゃんは、1階に住むのが自然です。その1階を賃貸にして貸し出した場合、大家である所有者の物音が1階に響くことになります。

通常のアパートでは、上下とも賃借人が住んでいますが、上が大家、下が賃借人との関係になると、通常のアパート以上に大家自身が賃貸人に気配りをしなければならなくなります。

クレームが出た場合、通常の賃貸以上に普段の生活にストレスがかかってしまいますし、アパート経営の顧客満足にも繋がりません。空き家になったタイミングで2階から1階に引っ越したとしても、逆に2階の騒音で快適な暮らしができなくなる場合があります。

一般的な二世帯住宅の構造は、建築コストの観点から、木造や軽量鉄骨造になりますが、上下階構造の場合には、どうしても音によるクレームリスクを100%回避することはできません。

遮音性の高いフローリング材を使い騒音を軽減することはできますが、小さい子供がいる場合や、

【図表７　二世帯住宅の相続対策②】

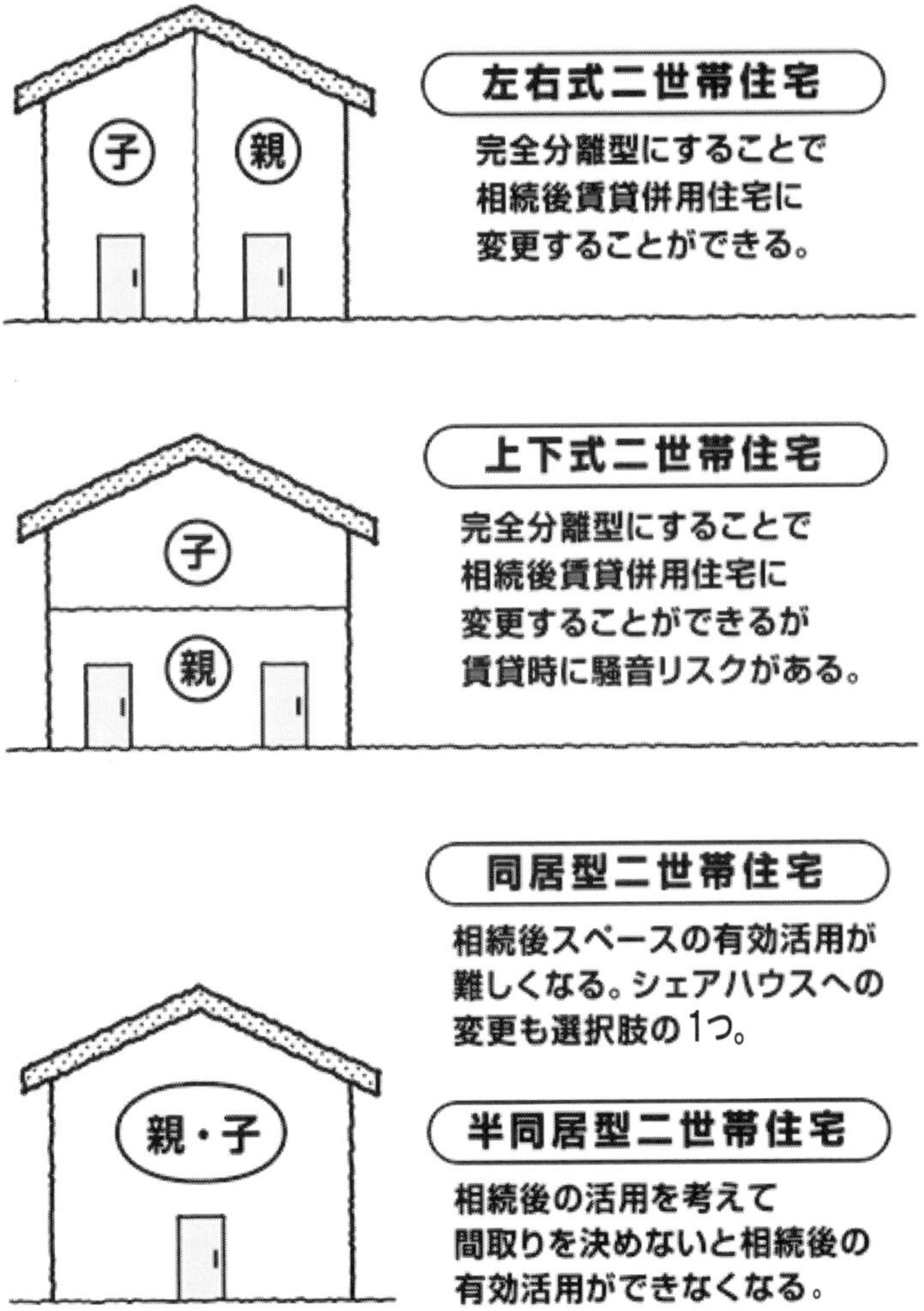
子
親
左右式二世帯住宅
完全分離型にすることで
相続後賃貸併用住宅に
変更することができる。
子
親
上下式二世帯住宅
完全分離型にすることで
相続後賃貸併用住宅に
変更することができるが
賃貸時に騒音リスクがある。
同居型二世帯住宅
相続後スペースの有効活用が
難しくなる。シェアハウスへの
変更も選択肢の1つ。
親・子
半同居型二世帯住宅
相続後の活用を考えて
間取りを決めないと相続後の
有効活用ができなくなる。

子供をつくる予定がある場合には、クレームリスクが上がってしまいます。

そこで、上下階の二世帯住宅ではなく、横並びの二世帯住宅にするのです。そうすることで、上下階の騒音問題は解消させることができます。とはいっても、横の騒音もありますので、世帯を仕切る壁には、通常よりも防音効果の高い造りにしておくほうがよいでしょう。

ともあれ、こうしたスキームを使うことによって、相続対策を計画的に実行していくことができるようになります。このように二世帯住宅の工夫により、生前の「相続対策」と相続後の「賃貸経営対策」を組み合わせることができます。

どの二世帯住宅を選択していくかは、人それぞれの価値観によって異なることになります。完全分離型二世帯住宅はイヤだと思われる人も多いと思いますし、介護などで完全分離にするのは難しいと思われる人もいらっしゃると思います。そんな場合には、新築の計画時点で、「半同居型二世帯住宅」から「完全分離型」に変更できる間取りにしておくことにより問題は解決できます。

4 素人でもできる相続不動産調査法

道路調査の重要性

不動産については、それがどのような不動産であるかの「調査」が必要になります。その不動産の調査項目はたくさんありますが、中でも特に大切なのは「道路調査」です。

道路調査を押さえておくことで、「こんな不動産とは思っていなかった」というような想定外の事態を回避することができます。

道路の調査がなぜ大切かというと、道路の種類や状況によっては、建物の再建築ができないことがあるからです。

道路には、大きく分けると2種類の道路があります。それは、公道と私道の２つです。

公道とは、市などの公の機関が所有していて、文字どおり公の道路として、誰でも通行することができる道路です。また、建物を建築することもできます。

しかし、せっかくの公道であっても、幅4メートル以上の道路に2メートル以上接していないと、再建築できない場合があります。これは、消防の観点で消防車が現地にたどり着けない可能性が高いことから設定されたものです。

私道と呼ばれる道路には、所有者が市などの公機関ではなく、個人の名義になっている道路です。実際に多い事例を挙げますと、私道に隣接する土地の所有者達で共有しているケースです。

このような例では、アスファルトの劣化などで工事が必要になった場合の維持管理は、各所有者間の話合いで決めていかなければならないことになります。

注意しなければならないのは、私道に接している土地の相続登記は、土地、建物のほかに、私道の持ち分についても、同一人物に名義を変更しなければならないことです。そうしないと、もし再建築ができる状態であったとしても、土地と道路の整合性が問われて、内容が変わってしまう危険性があるからです。

売却の際も同じで、土地、建物と合わせて全面道路の持ち分を買主に移転する必要があります。土地や建物と私道の整合性を保つことは、買主さんのためでもありますし、私道持分を手放すことは売主さんのためでもあります。

その理由は、私道の名義だけ残ってしまいますと、少額ではあっても、その部分について固定資産税や都市計画税の請求が来てしまいますし、隣接する土地の測量が行われる際には隣地立会いをしなければならなくなり、さらに万が一アスファルト工事でも必要になれば、関係者の1人になってしまうからです。

再建築できない不動産

このように考えていくと、土地や建物の所有不動産と前面道路の持分は、常にセットの考え方が妥当です。ただし、私道部分に持分があるといっても、そこに建物を建てられるわけでも、塀を設置できるわけでもありません。せいぜい通行する権利がある程度のことなのです。

売却する際には、私道持分に関しては、土地、建物とセットにして所有権の移転登記をしていきます。そして、この私道にも種類があります。内容の違いで再建築できるかどうかが変わってきます。単に個人の所有名義になっているだけでは再建築できないことが多いのですが、例外的に何らかの許可が取れて再建築できる場合もあります。

一方で、「位置指定道路」の認定を受けていれば、再建築が可能の土地といえます。

この場合も、前述のように土地、建物と私道路の持ち分をセットで相続登記や売却時の所有権移転登記を行わないと、せっかく「位置指定道路」の認定を受けているにもかかわらず、その整合性が問われて、話が変わってしまうリスクが出てきます。このように不動産を調査する上で、道路について調べることは重要な点になるのです。

不動産の調査方法と調査ポイント

調査方法としては、不動産の管轄法務局で公図を取ります。公図とは、土地の配置図のようなものです。あくまで配置を確認するための書類ですので、縮尺の長さなど現地と異なることも多い書類ですが、公図を最初に取得しておくと、その後の調査がとてもスムーズになります。

公図で道路部分に道路の表記があればいいのですが、道路部分に地番といって土地番号が記されている場合には、注意が必要です。

その部分の全部事項証明書（登記簿謄本）を法務局で取得してみましょう。

市や県の所有であれば問題ないのですが、個人の名義になっている場合にはその道路についての詳細を調査していく必要があります。

不動産調査のポイントは、道路に接道しているかどうかになりますので、調査した道路が所有している土地に接しているか、もう1度確認しましょう。所有している土地と道路の間に、実は細い土地がもう1筆（土地を数えるときの単位は筆で表現）存在している場合もあります。

そういう土地が見つかったら、その土地についても全部事項証明書（登記簿謄本）を取ってみましょう。

所有名義が市や県であれば問題ありませんが、ごく稀に、全くの第三者所有の土地だったなどということもあり得ます。そうなると、その土地の見方が変わってきます。今まで道路に接していると思っていた土地は、道路に接していないことになりますし、再建築できない場合もあります。

そのような場合には、借地契約があるかないかを確認する必要があります。第三者の意向によって所有権の移転や市への寄付をするような選択肢も考えられます。しかし、寄付だから簡単に市に受け取ってもらえるかのようなイメージを持っていると、意外にもそうではありません。

市の方針や担当者レベルでも違いはあるかと思いますが、市に寄付するには、土地の確定測量を行って初めて、寄付を受け付けるかどうか市で検討することになります。

確定測量しようとすると費用がかかりますし、第三者の土地が他の土地にも入り込んでいると隣地立会いをする人数も多くなります。関係する人数が多くなるにつれて、使う時間と費用も変わってしまいます。

いずれにしても、道路の調査をしっかりと行い、その道路と所有している土地がしっかりと接しているか確認していくことが重要になります。

現地調査では上も下も見る

グーグルなどで現地を見られる時代になったとはいえ、それでも現地調査はとても大切です。順番としては、道路調査などインターネット上で調査を行った上で、現地調査を行うことにより、気になる場所を重点的に見ることができます。しかし、現地でしかわからないこともあるため、ネットを使った調査と現地調査の順番は、現地の場所が近いか遠いかで判断していく方法もあるといえます。

不動産の現地での見方は、不動産を1つの空間として認識し、空間の中で不動産や不動産以外の物を見ていく必要があります。ですので、現地調査では、不動産だけでなく、建物以外の物や空間を見ていくことになります。正面だけではなく、上も下も見るようにします。

素人であっても簡単に現場チェックができるポイントは、次のとおりです。

下を見るポイントとしては、敷地の境界杭の有無を確認します。先祖代々の土地や何年も前に購入した不動産では、敷地境界杭がない場合が多くあります。敷地境界がない相続財産を売却する際には、土地の測量をすることが一般的です。

隣地建物の基礎やブロックなど越境物がないかも確認します。隣地からこちらに越境している場合もあれば、こちらから隣地に越境している場合もありますので両方確認していく必要があります。

その他にも、古井戸などの残置物がないか確認します。これは、現地を見てもわからない場合が多いので、被相続人の生前に聞いておくのがベストです。

そして、正面も確認していきます。

ここでは、建物の確認もしますが、建物のチェックポイントについては後述します。

ここでも、隣地との越境物がないかを確認するほか、外塀をはじめとして、傾きや劣化などを確認していきます。

外塀の傾きは、最悪の場合には崩れて通行人に怪我をさせてしまう事態も想定できますので、外塀の撤去や補修などの措置が必要になります。

また、上空を見ることも不動産の現場調査になります。この上を見ることは、1番見落としがちな点です。

なぜ、上を見るのかというと、隣地の屋根が越境していたり、面格子が越境していたりすることなどは、意外に見落としてしまうからです。

また、上空に目をやると、電線が通っていることもあります。事前に知っておくことで事前に伝えておくことができますので、売却や賃貸経営をする際のトラブル回避に繋がります。

測量時には、越境の覚書をもらうこともできます。覚書を取ることで、所有者と隣地が越境の存在を確認することになりますので、建物の建替えの際には越境物を解消する内容にしておきます。

所有者が変わった場合には、新しい所有者に覚書の内容を引き継ぐようにしておけば、売却時には買主にも安心してもらうことができますし、取引も円滑に進みます。

以上のような点を念頭に置いて現場のチェックをしていくようにします。

【図表８　不動産の現地調査】

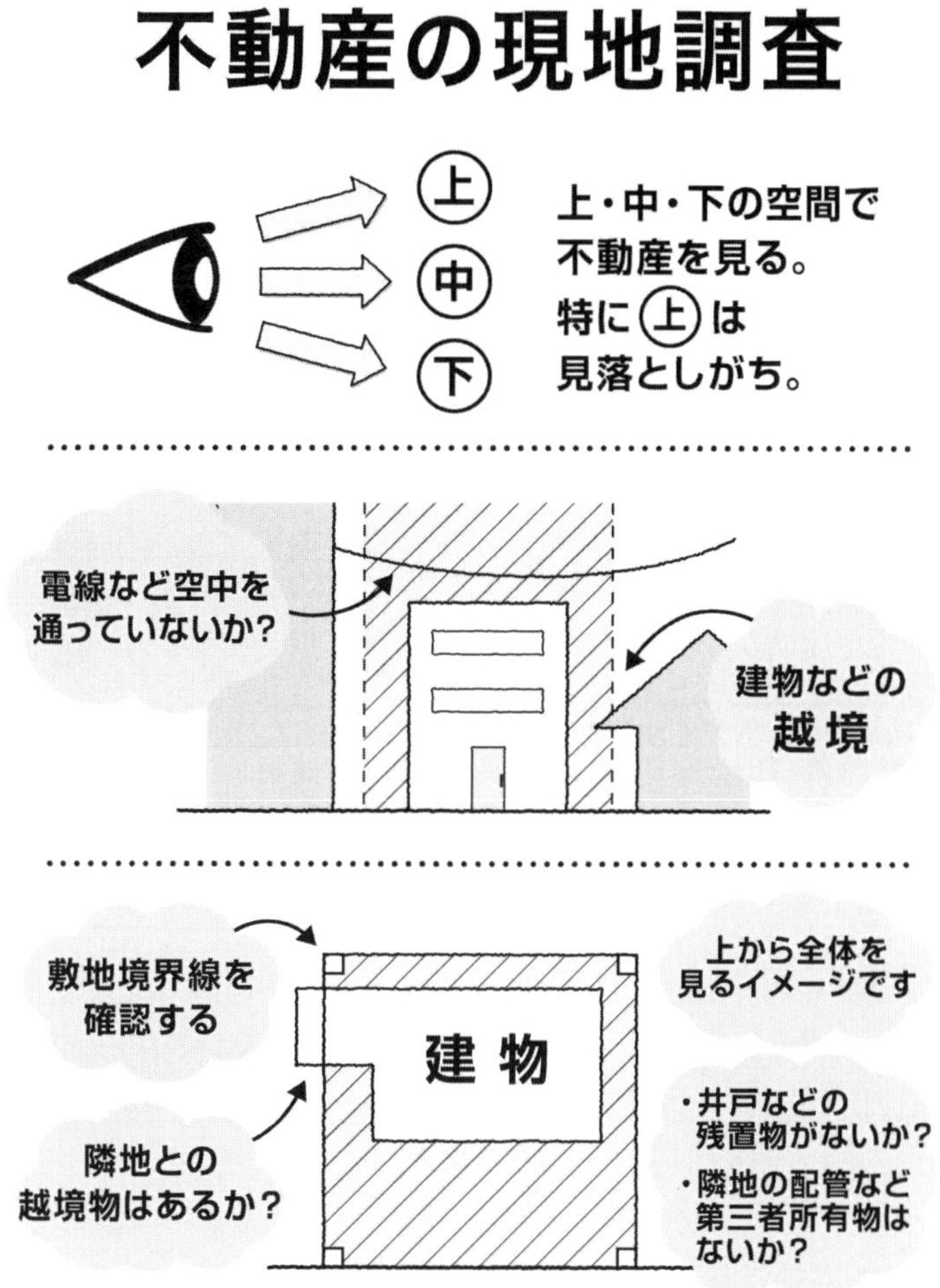

5　素人でもできる建物外観調査法

建物の調査

建物の調査は、建物の外観から見ていきます。まずは、建物にヒビ割れがないか確認していきます。専門用語でヒビ割れのことを「クラック」といいます。特に、クラックが入りやすい外壁の目地部分は、重点的に見ていきます。誰が見てもクラックだとわかるヒビ割れもあれば、線情になっている「ヘアークラック」と呼ばれるものもあります。

クラックがあれば、雨漏りになる危険性がありますので、外壁の補修工事や外壁塗装工事が必要になります。

また、ヘアークラックがある場合には、外壁の塗装が劣化し、防水性が低下している可能性があります。

確認方法としては、ヘアークラックのある周辺の外壁を指で触ってみましょう。塗料がベッタリと指に付着すれば、「チョーキング現象」と言って外壁塗膜が劣化し、防水性が低下しはじめているサインです。今後、相続不動産を維持していく予定であれば、外壁の塗装を検討したほうがいいでしょう。

チョーキング現象をチェックすると、指の後が残ってしまいますので、なるべく目立たない場所に人差し指1本で行うようにします。

たまに塗装の営業マンで、玄関先の1番目立つ場所に指４本を使ってチェックして、それを見せて、チョーキング現象を伝える人がいますが、デリカシーがなさ過ぎます。

目立たない場所をチョンと触り、チョーキング現象を教えてくれる営業マンがいれば、その会社は、きっとその先も丁寧な工事をしてくれるはずです。

鉄筋コンクリート造の場合

構造が鉄筋コンクリート（ＲＣ）造の場合はどうでしょうか。

実は、鉄筋コンクリートだからといってチェックする必要がないわけではありません。ＲＣ造の場合にも「クラック」を確認しますが、建築年数が経ち、古くなってきますと、クラックも当然目立ってきます。

ＲＣ造は、特徴として、「クラック」から雨水が侵入して、鉄筋に到達することがあります。すると鉄筋部分がサビてしまい、建物の耐久性を低下させてしまう可能性があります。サビがひどくなってくると、鉄筋が膨張し、その結果コンクリートが逃げ場を失い、コンクリート爆裂を起こす危険性もあります。

ＲＣ造になっていて、雨漏りがないから大丈夫と思うのではなく、定期的なメンテナンスが必要になってきます。

また、RC造の場合によくあるのが、全面タイル張りの建物です。築古の建物に想定されることとしては、浮いてきたタイルが剥がれて落下してしまう危険性があります。ただでさえ重たいタイルが、2階や3階から落下するととても危険です。最悪な事態を考えると、そのままにしておくわけにはいかないといえます。

ではこの場合、何から行えばよいのでしょうか。タイルが浮いているかどうかの点検は、簡易的な診断であれば素人でもできます。打診棒といって、叩いて音の違いで状況を確認するものがあります。打診棒は、ホームセンターで購入することができます。

この打診棒を使って、手の届く範囲で打診調査していきます。タイルが浮いていると、叩いたときに、きちんとタイルが貼り付いているときの音とは違い、乾いたような音がします。1階部分やバルコニー部分などの手が届く所は、すべて叩いたり押し当てたりしながら、左右にスライドさせ、音の点検をしていくようにします。

この簡易検査で、きちんと貼り付いているときと音の違いがあれば、本格的な建物の診断を業者にお願いしたほうがいいでしょう。

最近では、ホームインスペクションといって、住宅の健康診断を行う業者も増えてきました。事前に住宅の健康診断をしておくことにより、安心して暮らしていくことができますし、売却するにしても、診断済の住宅として売りに出すことができます。それにより購入検討先に安心感を与えていくことになります。

さらに、万が一を想定して、火災保険の第三者賠償保険に加入しておくといいでしょう。加入しておくことで、万が一第三者の身体や財物に損害を与えた場合にも、その賠償を包括的にカバーしてくれることになります。

屋根や屋上にも目を配る

屋根が瓦の場合には、瓦の浮きや、瓦を固定する漆喰が劣化していたり、取れていたりしないか確認しましょう。瓦の落下や雨漏りの原因になってしまいます。

屋根が陸屋根《ろくやね》の場合には、屋上防水の状態を確認します。防水シートが、紫外線により劣化して硬くなると、ヒビ割れを起こしたり、割れた部分が反り返っていたりするような場合があります。そのような場合には、工事時期ですので、屋上防水の工事を検討すべきです。

屋上防水工事は、業者によって見積金額に大きな差が出ます。なぜかというと、工事工程や下地の処理などに大きな違いがあるからです。

見積項目に「工事一式」というような表現がされていると、不透明な工事になってしまいますので、見積書には工事内容の詳細を必ず表示してもらえるようにお願いしましょう。できれば紹介などから信頼できる工事業者さんにお願いし、念のため他社と相見積をすれば、安心して工事を進めることができます。

6　素人でもできる建物室内調査法

相続の方向性を決める室内簡易点検の仕方

外観のチェックが終わったら、室内の点検に移ります。外観でヒビ割れや塗装の劣化などが現れていた部分から重点的に見ていき、雨漏りがないか天井を見渡しましょう。天井にシミがあれば、雨漏りの可能性がありますので注意が必要になります。

そして、床下点検口から床下を確認して、建物の基礎がベタ基礎か布基礎のどちらであるかを確認します。

ベタ基礎は、基礎がコンクリート一体型になっているため、床下から直接的に土が見えている部分がありません。これに対し布基礎は、基礎がコンクリート一体型になっていないため、床下を見ると土が見える状態になっています。ベタ基礎に比べて布基礎タイプの建物には、湿気が籠りやすいことに注意して確認しましょう。

建物の耐震基準についても確認していきましょう。地震大国の日本では、これまで大地震が発生して、建物の倒壊などの甚大な被害が出る度に、耐震基準の見直しなどを検討・改善してきました。

その中でも注目すべき変化は、昭和56年に建築基準法が大幅に改定され、それまでとは違い建物内にいる人を守ることを念頭に置いたものとなりました。

木造住宅においては、壁量規定の見直し等が行われ、改定後の建物は阪神大震災においても被害は少なかったとされています。改正前までの耐震基準を「旧耐震基準」とし、改正後の耐震基準を「新耐震基準」と定めています。

旧耐震基準＝昭和56年５月31日まで……震度５強程度の地震ではほとんど損傷しないことを検証

（昭和56年５月31日までの時点で最新の基準であった場合）

新耐震基準＝昭和56年６月１日以降……震度５強程度の地震ではほとんど損傷しないことに加えて、震度６強～７に達する程度の地震でも倒壊・崩壊しないことを検証

＊国土交通省資料から抜粋

旧耐震基準の建物と新耐震基準の建物とでは、このような改定がなされていることから、相続不動産が新耐震基準の建物であれば、この先も所有していく計画も十分検討していくことができますし、使用する予定がなく売却することになっても、新耐震基準の建物として購入を検討している方々に安心感を与えることができるのです。

旧耐震基準の建物なのか新耐震基準の建物かの違いは、厳密にいえば、昭和56年６月１日以降に建築確認申請を受けた建物になります。その後、着工していくのですが、規模や構造などを考慮して工期を逆算し、新耐震基準の建物に適合しているのか確認していくのです。

旧耐震基準の建物がすべてにおいて危険というわけではありませんが、巨大地震が発生したとき

の安全のために、耐震診断や耐震工事をしておくことも必要なことです。
このように、不動産の簡易点検や耐震基準を確認しておくことは、素人であっても行うことができます。

相続不動産を事前に点検しておくことにより、相続不動産の問題点を把握することができます。何より大規模修繕工事をして相続し維持していくべき不動産なのか、解体を前提として売却して分割対策や納税資金対策のために現金化しておくべきなのか、方向性が見えてきます。

これまで説明してきました不動産の簡易調査を行っていない状態だと、その後の方向性が見えなくなりますので、建物の大規模修繕工事を行う必要がある場合であってもその選択ができません。安易な考えで大規模修繕工事に踏み切っても、その後に建物の解体工事を行うことになり、無駄な費用を使ってしまうような事態にもなりかねません。

不動産の簡易調査の方法を理解した上で、実践することにより、この後に説明する「相続不動産を3つの棚に分ける」のステップに進むことができます。どの不動産をどの棚に入れればよいか、不動産の適正を見る作業がより加速していきます。

ただし、ここでの不動産簡易点検の目的は、あくまで相続の方向性を決めるための簡易点検です。その後、相続内容が決まり、具体的に修繕工事を検討していくタイミングについて相談する場合や、第三者に被害を及ぼしてしまうような緊急性のある場合には、工務店やプロのホームインスペクターに依頼していくようにしましょう。

第3章

紛争にしないための分割法

1 相続不動産を3つの棚に分ける

相続不動産の適正

相続不動産にどのような適正があるかは、人の適正を見極めるのと似ています。例えば、営業向きの人に、事務作業をお願いしても上手くいきませんし、非効率です。それと同じように、不動産についても、適正に合った使い方がとても大切です。

例えば、都心部の駅前にある土地に住宅を建てることは、適正とはいえません。人が集まる場所であれば、収益性が見込めますし、容積率にもよりますが、より多くの面積を使えるからです。

また、地方エリアの駅で徒歩圏外でのアパートやマンション建築は、適正とはいえません。

したがって、そうした場所に先祖代々の土地や建物がある場合には、それを守っていきたいのか、そうでないのか、気持ちを確認する必要があります。ほかに有効活用する予定のない不動産でしたら、納税資金用に売却して現金化しておくのも1つの選択肢になります。

不動産を3つの棚に分ける

相続不動産で大切なステップとしては、不動産を3つの棚に分けていくことです。相続の観点から不動産を見ると、次の３つになります。
・赤い棚……収益性や集客力が見込める土地
・青い棚……住宅として住んでいく土地
・緑の棚……売却し分割や納税に備えていく土地
　この３つの棚に、相続資産の土地を落とし込んでいくことにより、相続不動産の中で守っていくべき土地がわかるようになり、それに適った行動ができるようになります。

相続での土地の扱い

　３つの棚に分けた不動産の土地については、相続でどう扱うべきかを次のように分別していきます。

①　相続で守るべき土地

・赤い棚に入った土地（収益性や集客力が見込める土地）
・青い棚に入った土地（住宅として住んでいく土地）

②　相続を円満にするため手放す土地

・緑の棚に入った土地（売却して分割や納税に備えていく土地）
　緑の棚に入った土地は、相続を円満にするために売却して、分割や納税資金を確保するために、換金性の悪い不動産を現金化しておくことになります。こうして緑の棚に入った土地は、赤と青に

【図表９　相続不動産を３つの棚に分ける】

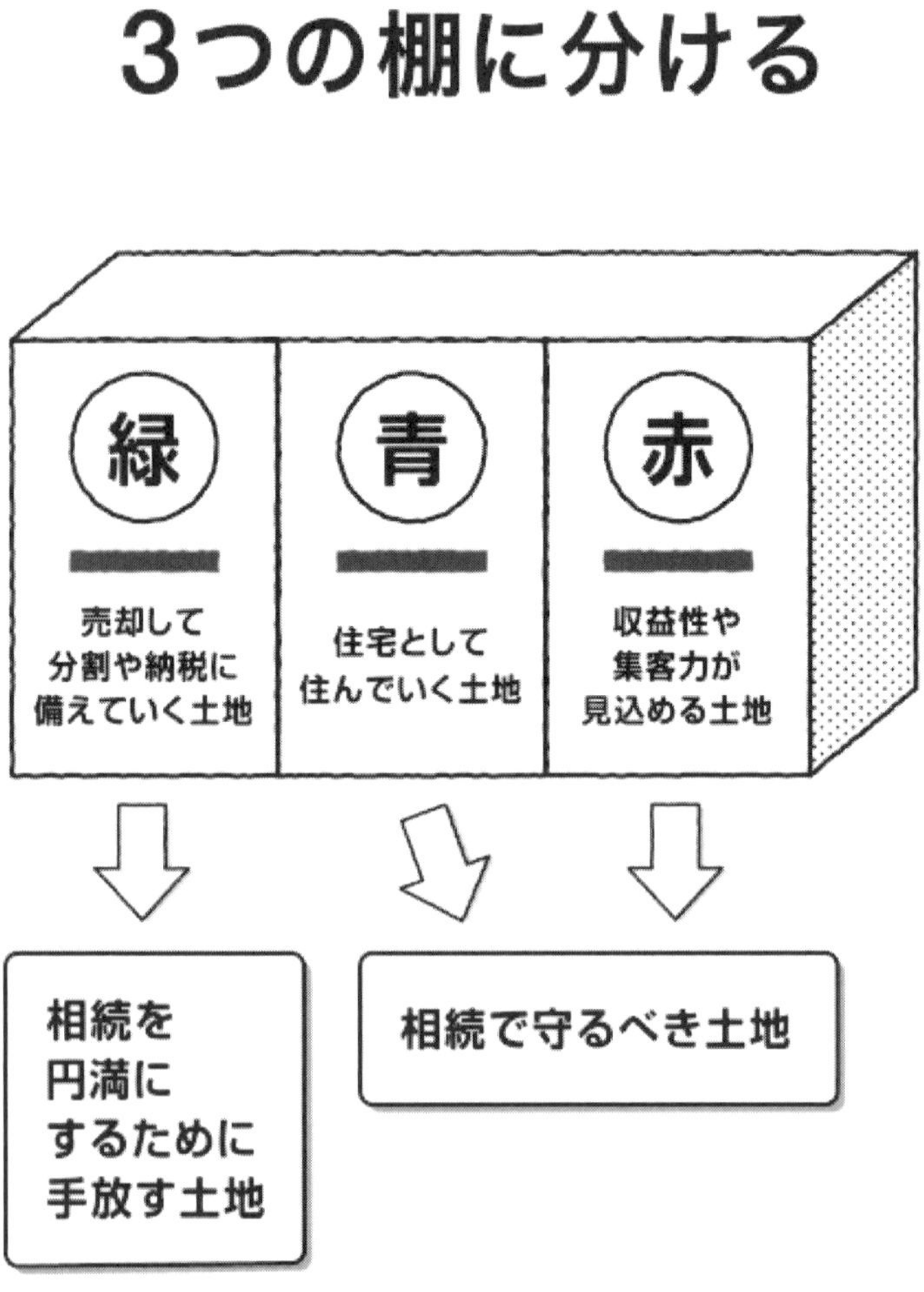

入った棚を守ることになります。

そして、赤い棚と青い棚に入った土地を誰に相続させたいか、具体的に落とし込んでいきます。


【赤い棚の土地の相続】
・○○区○○町の土地　長男　一郎
・○○区○○町の土地　次男　二郎
【青い棚の土地の相続】
・○○区○○町の土地　長男　一郎

例えば、青い棚に入った土地は、先祖代々の土地で長男に引き継いでもらいたい。そして、赤い棚に入った2つの土地は、不平等にならないように長男、次男のそれぞれに譲り渡すといったようなことです。こうして、長男と次男に譲り渡す予定の土地にどの程度の差があるかを確認します。

この考え方で進めていくと、相続の骨組みができ、次なる対策の準備ができるようになります。

2　お金がない場合の分割法

相続が発生したときに困ること

相続が発生したときに困ることを、1つひとつ挙げていきましょう。困ることを解消していくことにより、相続の心配事が少なくなっていきます。

困ることとしては、やはり分割が上手くできない、分割しにくいことが挙げられます。

分割が困難で揉めてしまう1つの原因としては、現金が他の資産に比べて少ない場合です。逆にいえば、現金さえあれば何とかなる場合が多いのです。

例えば、相続資産のほとんどが自宅の不動産で、現金がほとんどない場合もあります。また、相続でアパートや賃貸マンションを引き継ぐ場合にも、一定の現金がないと賃貸経営が運営できない場合も多いのですが、現実には資産の分割に必要な現金が少なく、分割できない場合も多く見られます。

では、そのような場合は、どうすればいいのでしょうか。

検討すべき分割方法は３つ

相続財産を分割するのに検討すべき分割方法として、「現物分割」、「換価分割」、「代償分割」の３つがあります。

このうち、「換価分割」とは、相続財産を売却して金銭に換え、この金銭を相続分に応じて分割する方法をいいます。

例えば、次のような場合です。

・相続資産割合が不動産に偏っているため、不動産を売却して納税資金を確保するような場合。

・相続不動産である土地が有効活用されていない状態で、各相続人で相談したところ、今後も有効活用していく計画がない場合。

相続財産をすべて換価（現金化）しなければならないわけではありませんので、A区の不動産だけは換金して、B区の土地は長男に、株式は次女に、自動車は次男になどというように、特定の財産を特定の相続人が相続していく「現物分割」と組み合わせることも可能です。

使う予定のない不動産相続にピッタリな「換価分割」

相続財産が不動産である場合、「換価分割」は、使う予定がない相続不動産を売却して現金化をする際に活用されます。

本来分割しにくい不動産も、換金により各相続人に分割していくことができますし、納税資金の確保をすることもできます。換金性が悪く、分割が大変な不動産を現金化しておくことは、相続対策にとても有効になります。

ただし、「換価分割」を選択し、現金化するのは、使う予定がない不動産に対してです。先祖代々の土地で、この先も受け継ぎ住んでいきたい不動産や、有効的に活用できる都心の場所にある不動産ならば、現金化によるこの分割方法ではなく、他の分割方法への検討も含め、最善の方法がないか考えてからにしましょう。

生命保険などにより現金の確保ができるのであれば、違う選択肢も出てくる可能性があるからで

【図表10　換価分割】

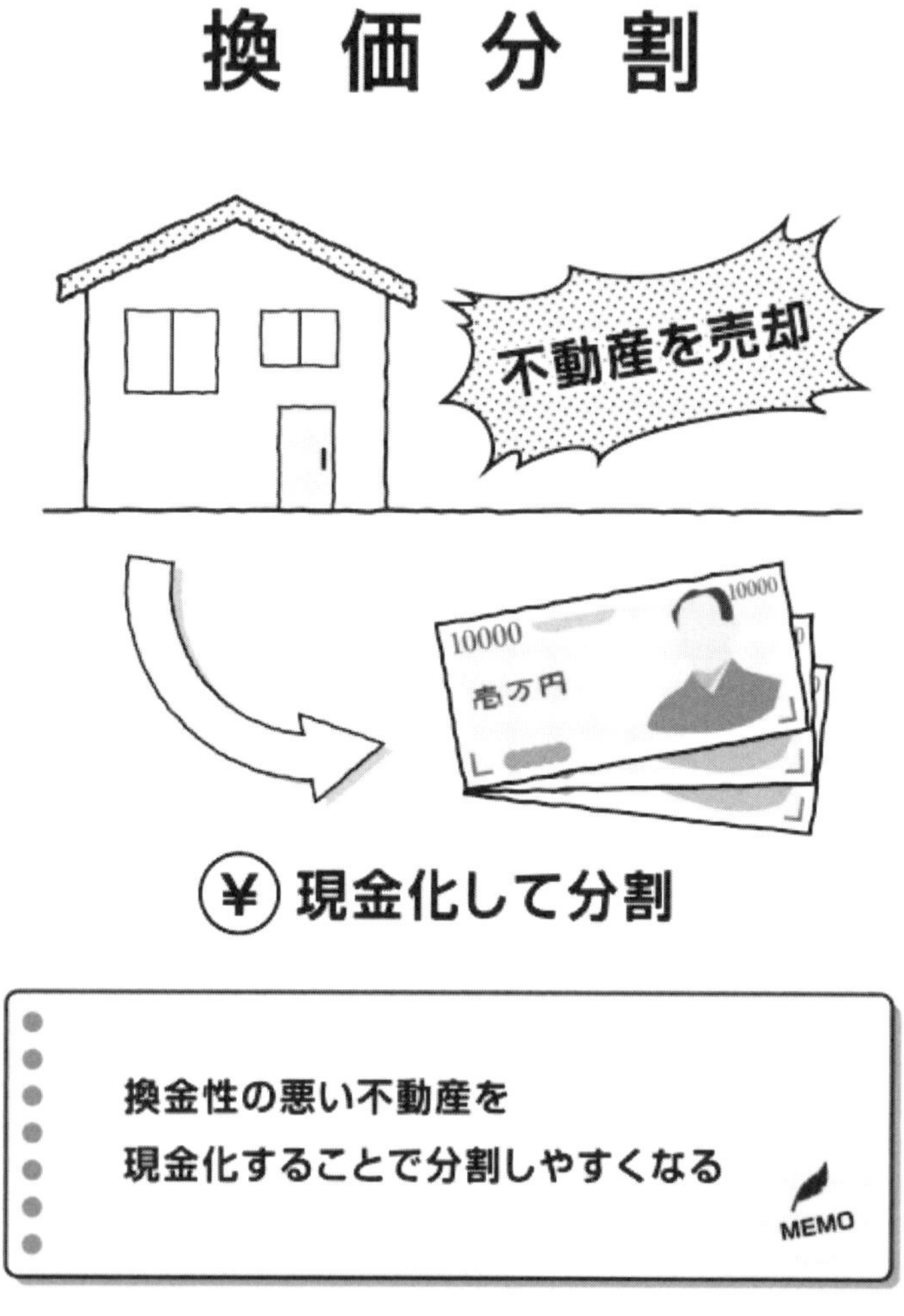
換価分割
不動産を売却
10000
壱万円
¥ 現金化して分割
換金性の悪い不動産を
現金化することで分割しやすくなる
MEMO

す。

このとき、思い出があるからといって、それだけで不動産を残そうとすることには、注意が必要です。建物の修繕工事費が必要になり、結局現金が必要になる可能性があるからです。どの分割方法を選定していくかは、建物を維持管理していくための相続後の費用も考えた上で決めていくようにします。

検討した結果、現金の用意ができないのであれば、改めて「換価分割」を選択します。「換価分割」を選択した場合、不動産の売却には時間がかかってしまいますので、売却のためのスケジュールを計画的に組んでおくといいでしょう。

不動産の現金化は、相続財産の分割のためだけではなく、相続税に対する納税資金確保のために必要になる場合もあります。

3　相続不動産そのまま分割法

現物分割とは

相続財産の分割方法のうち、「現物分割」とは、遺産をそのままの形で分割する方法をいいます。不動産や自動車、株式などの財産の1つひとつを誰が取得するのか決めていくことになります。

【図表11　現物分割】

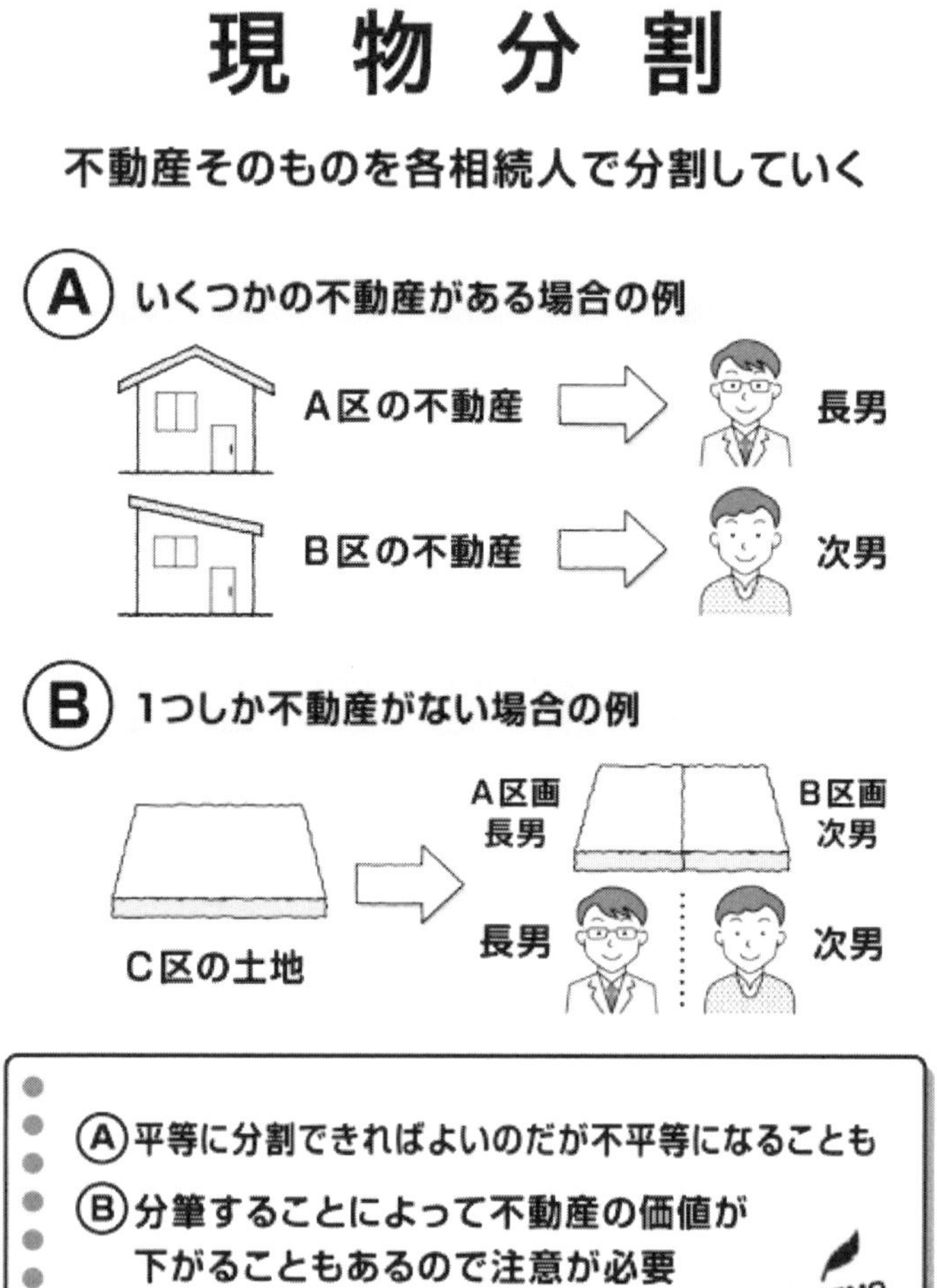
現物分割
不動産そのものを各相続人で分割していく
Ⓐ いくつかの不動産がある場合の例
A区の不動産
長男
B区の不動産
次男
Ⓑ 1つしか不動産がない場合の例
C区の土地
A区画
長男
B区画
次男
長男
次男
Ⓐ平等に分割できればよいのだが不平等になることも
Ⓑ分筆することによって不動産の価値が
下がることもあるので注意が必要
MEMO

複数の不動産を所有している場合に、各相続人にそれぞれの不動産を分配していく方法と、１つの土地を分筆して各相続人に分配していく方法があります。

不動産によっては、公平に分配していくことが難しい場合もあります。

例えば、A区の土地は長男、B区の土地は次男に相続した場合で、A区の土地は都心部の駅前にある好立地な土地に対して、B区の土地は地方物件で駅から離れているような場合、物件の格差が出てしまい、公平な分割方法とはいえません。

また、A区の土地は、自宅で閑静な住宅街にあり敷地面積も５００㎡あるような広い敷地であるのに対して、B区の土地は、近くに工場などの嫌悪施設があり、敷地面積も１００㎡もないような土地といったケースがあります。

この場合にも、不動産の価値は異なりますので、他の現金などの資産で、バランスを取る必要があります。

この「現物分割」を選択する場合であっても、現金とのバランスは見ておかないといけません。それは、いったいなぜかといいますと、先ほどお伝えしたように、建物の修繕工事費が必要になる場合があるからです。現物分割だからといって、現金がいらないわけではないからです。

一定の現金がある場合であればいいのですが、現金の資産割合が低い場合があります。そうした場合に、不動産が複数あるなら、現金を確保するために「換価分割」と組み合わせていく必要があります。使う予定がない不動産を売却して、資産の一部を現金化しておくようにするのです。

不動産の価値を下げない分筆ができるのは

相続財産が1つの不動産だけで、現金がない場合にはどうでしょうか。

その場合は、土地を分筆することにより上手く分割することができるケースもありますが、間口や面積などを考慮して分筆しないと、土地の価値を下げてしまう場合もありますので、注意が必要です。

無理な分筆をして土地の価値を下げてしまうのは、悪い分筆方法です。

土地が角地や2つの道路に接している土地の場合には、よい分筆ができます。角地の土地を分筆して2つの土地に分ける場合、路線価の高い道路に接している土地と、路線価の低い道路に接している土地の2つに分けられます。

相続税額算出のための土地評価は、前面道路の路線価になりますが、2つの道路に接している場合には、分筆前には路線価が高いほうの道路で評価されます。しかし、分筆したことにより路線価の低い道路にしか接道しなくなった場合は、路線価の低い道路に接している土地として評価されることになります。ですので、路線価の低いほうの土地については、分筆前に比べて減額できることになります。

土地の分筆をすることにより分割の対策もできて、相続税額の減額までできれば一石二鳥の方法だといえます。

「不動産の価値」とは、不動産を売却するときの売却価格（実勢価格）のことです。

【図表 12　分筆して現物分割】

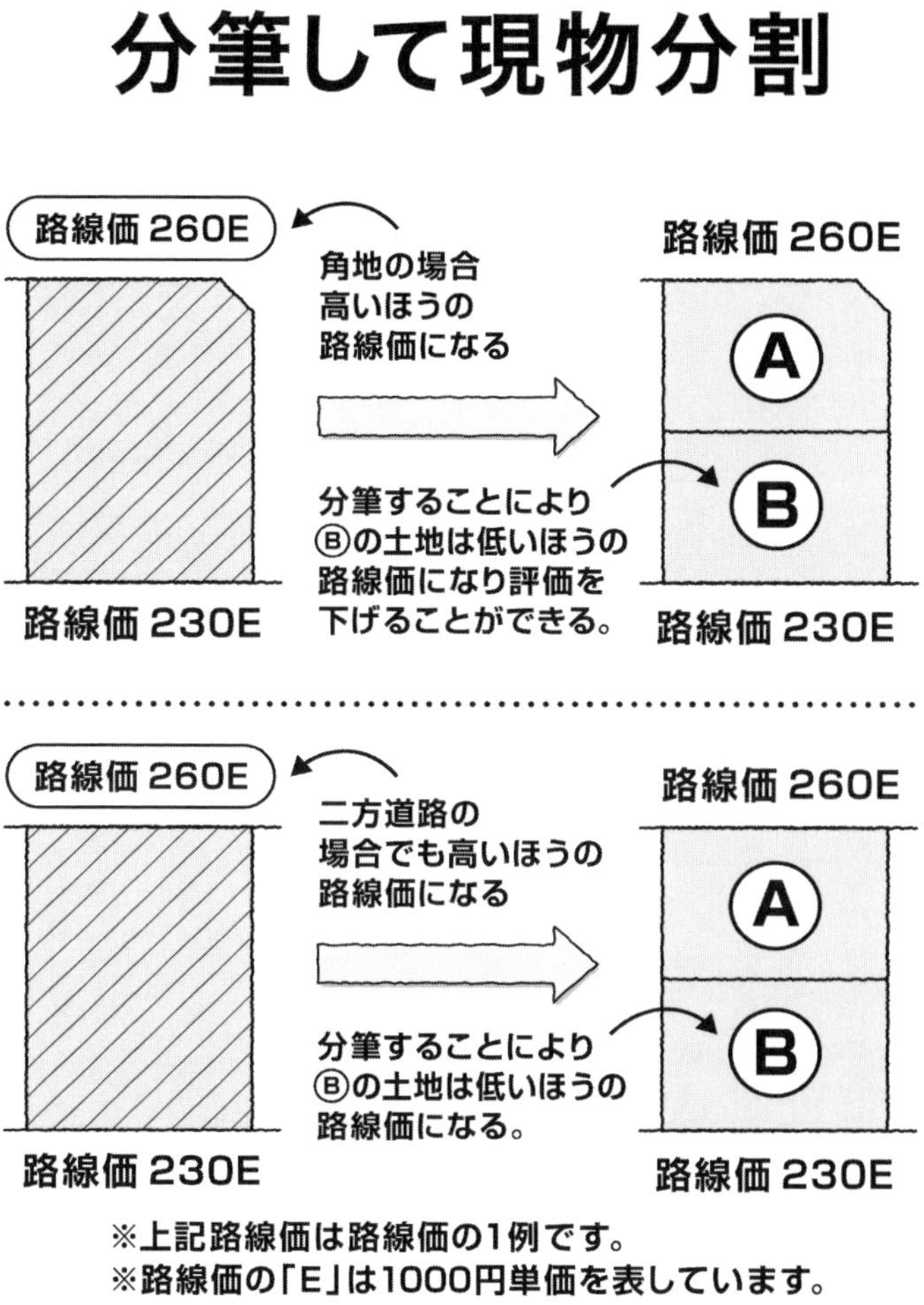

※上記路線価は路線価の1例です。
※路線価の「E」は1000円単価を表しています。

それに対して「不動産の評価」とは、相続税を算出するための価格です。「不動産の価値」を下げることなく「不動産の評価」を下げていくことが、よい分割といえます。

「現物分割」として土地の分筆を行い、「不動産の価値」を下げることのない分割対策で、節税をすることができる場合があるのです。

よい分筆

・分筆により分割対策になりながら、不動産の価値を下げない分筆

・不動産の評価を下げても、分筆不動産の価値を下げない分筆

悪い分筆

・分筆することによって、不動産の価値を下げてしまう分筆

分筆にかかる費用や日数も考慮すること

分筆するには、一定の条件が必要になります。そのためには、土地の測量を行うのですが、道路の立会者である「官」の立会いと、所有隣地である「民」の立会いにより、確定測量を完了させることになります。その上で、登記簿謄本の土地面積である公募面積と、測量した面積の相違を揃える必要があります。

土地面積の特徴的な感覚になるのですが、登記簿上の面積と実際の現況の面積は必ずしも一致するわけではありません。むしろ、過去に測量した形跡がなかったり、測量したのがかなり昔であれ

ば、登記簿上の面積と現況面積が一致することのほうが少ないです。このような誤差は、測量制度や昔の慣習の変化などから出ていると考えられます。

登記簿上の面積と現況面積が一致しないことを聞くと、車の製造業など精密な仕事をしている人は、特に驚くのではないでしょうか。1ミリメートルの誤差も許されない仕事をしている人にとっては、理解に苦しむ感覚ではないかと思っています。しかし、土地面積に関しては、そういうものなのです。

土地を分筆するには、こうした誤差を整える「地積更生登記」を行わなければなりません。ですので、費用だけではなく、測量、分筆登記にかかる日数も考慮して、スケジュールを組んでいくようにします。なお、地域によって測量にかかる日数は前後しますので、事前に測量士に確認しておくとスムーズにいきます。

4　先祖代々の土地を守る分割法

代償分割とは

相続財産の分割方法のうち「代償分割」とは、預金や現金以外の不動産や自動車、株式等の動産を相続人の1人が現物で相続財産を取得し、他の相続人に対しては一定の金銭を支払う分割方法です。

相続財産が不動産である場合、個別の不動産を1人の相続人に現物で相続させ、その相続人は他の相続人に対して相続分相当額の代償金を支払うことになります。「現物分割」は、相続分をきっちり分けるのは難しいため、この「代償分割」によって補完される場合も多く見られます。

一見、「現物分割」と似ているような感じがしますが、内容は大きく異なります。それは、実家の不動産などの1つの資産しかない場合など、相続財産が現物で分けていくよりもより偏った資産により形成されていることが多くなることです。

相続財産が偏った資産である場合には、本来「換価分割」で不動産を売却して現金化したほうがいいはずですが、この「代償分割」を選択するケースでは、なんらかの「事情」があり、売却を選択することができない場合になります。

例えば、先祖代々の土地建物で、昔からこの場所に住み、今後も住み続けていくのが夢で、被相続人も長男に引き継いでもらいたいと望んでいたという場合です。あるいは、被相続人が自宅兼事務所で会社を経営していて、長男はその会社の後継者として働いていたというような場合です。

こうした場合、簡単には売却して現金化することもできません。

代償分割の選択と保険金

「代償分割」は、このように相続資産が自宅などの不動産に偏っていて、その不動産が何らかの事情により売却していくことをためらう理由がある場合に、選択していくことになります。

被相続人に「不動産を長男へ相続させたい」などの強い気持ちがある場合には、「代償分割」により長男が単独で相続し、代償金を支払っていくのが1番よい方法になります。

ただし、長男に代償金を支払うだけの金銭的余裕がある場合に限られます。金銭的余裕がないと、「代償分割」を選択しても、現実問題として代償金に見合う金額が用意できる場合は非常に少ないといえます。

こうした場合、「代償分割」を意識して、生命保険などの準備が必要になる場合があります。これは、被相続人が亡くなる前に、代償金を払うことになる長男を受取人とした生命保険をかけることになります。つまり、被保険者を父、契約者と保険受取人は長男とする保険契約を結び、生命保険料は長男が支払います。

父親が亡くなると、長男に死亡保険金が支払われます。保険金は、相続財産ではなく、受取人の固有の財産ですから、遺産分割の対象にはなりません。長男の所得税（一時所得）の対象となり、代償金として使用することも自由なのです。死亡保険金から所得税などを支払い、残額を代償交付金として弟に支払うことができます。

この場合、遺産分割の後に長男が弟に現金を渡すと贈与となり贈与税がかかりますので、あくまで遺産分割の一部として、代償交付金として弟に支払うことが大切です。これで代償分割が円満にできるようになります。

【図表 13　代償分割】

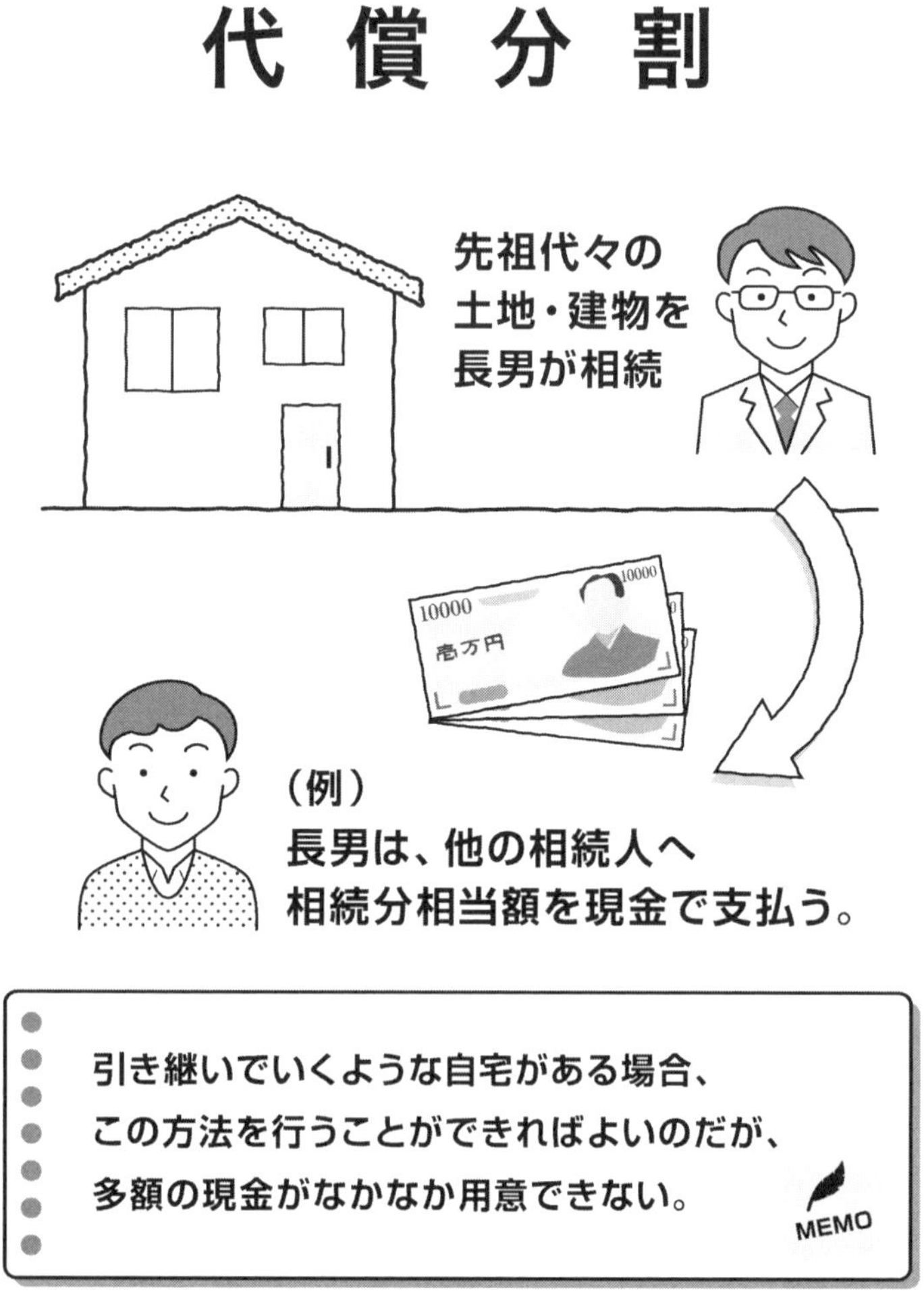
代償分割
先祖代々の
土地・建物を
長男が相続
10000
10000
壱万円
（例）
長男は、他の相続人へ
相続分相当額を現金で支払う。
引き継いでいくような自宅がある場合、
この方法を行うことができればよいのだが、
多額の現金がなかなか用意できない。
MEMO

5 選択しないことが相続対策になる分割法

選択しないだけでも立派な相続対策とされる「共有分割」

相続分割方法である「換価分割」「現物分割」「代償分割」と、３つの方法を述べてきました。考え方としては、３つの分割方法のうち、どの分割方法を選択するか・選択しないかというよりは、この3つの分割法を十分に理解して、上手く組み合わせていくことが大切です。そうすることにより、円満な相続へと導いていけることになります。

こうした3つの分割方法とは別に、1つだけやってはならない分割方法があります。それが「共有分割」です。

「共有分割」とは、1つの不動産を各相続人で共有する方法です。登記簿謄本を見ると、持ち分割合に応じて数字が付いています。

実務上でも、このような分割方法は多く見かけるのですが、実は1番やってはいけない分割方法です。不動産を所有していますと、意外にも小さな決断の連続ですし、時として大きな決断も必要になります。こうした決断の際に、共有者の同意なく単独では不動産を処分できないのは、「共有分割」における大きなデメリットになるからです。

【図表14　共有分割】

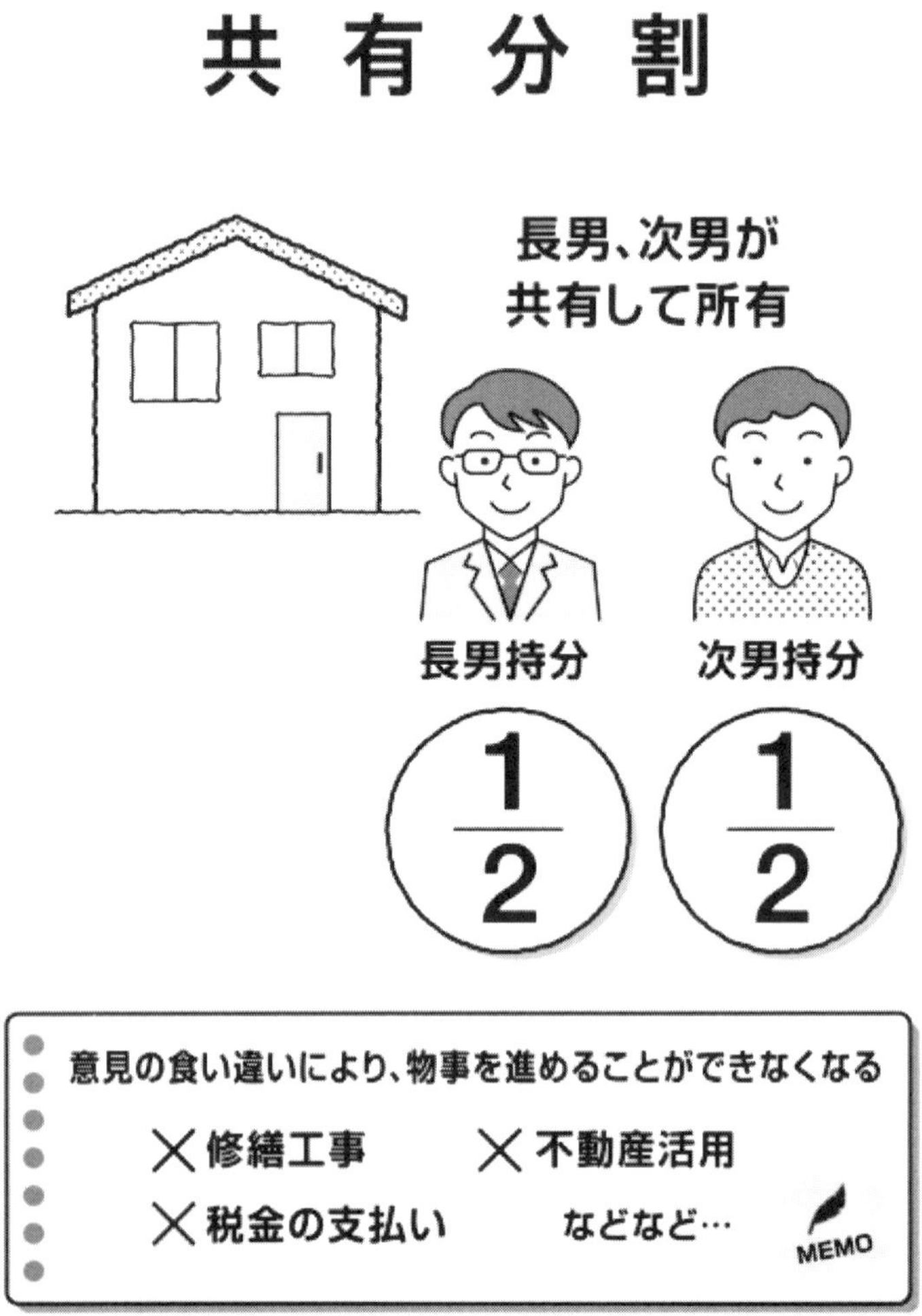
共有分割
長男、次男が
共有して所有
長男持分
次男持分
1/2
1/2
意見の食い違いにより、物事を進めることができなくなる
×修繕工事
×不動産活用
×税金の支払い
などなど…
MEMO

売ろうとしても、全員の同意がなければ売ることができなくなります。相続の際には仲よく「共有」にすることで、円満に相続ができたように見えても、長い間には決断が必要とされるときが出てきて、共有者との間で必ず意見の相違が見られるようになってくるものです。

共有分割の失敗例

共有分割で失敗する理由を示す典型的な例には、次のようなものがあります。

土地を相続し、兄弟で「共有分割」にしました。無事相続を終えてみると、長男は土地の有効活用がまるでできていないことに気がつきました。

それまで土地の価値についてあまり考えて来ませんでしたが、改めてその土地について調べてみました。すると、場所は都心部の人気のある大きな駅の隣駅にあり、一定数の人通りや需要が十分に見込めるエリアにあることがわかりました。

この土地を上手く有効活用したいと考えた長男は、三回忌が終わった辺りに、共有者である次男にアパート建築の話を持ちかけたところ、次男から反対されてしまいました。

好奇心旺盛で新しいことが大好きな性格の長男に対し、次男はもともと慎重な性格で、儲け話には全く興味がない性格でした。こんな2人の意見が合うわけもなく、立地に恵まれたせっかくの土地が、何の有効活用もされることなく、塩漬け状態になってしまいました。

こんなことになるのであれば、相続の分割方法についてもっと勉強しておけば、「共有分割」にはしなかったのではないかと、長男は後悔してもしきれないとのことでした。

この例のようなことが実際に起きてしまうようなことになります。共有者との間で意見が食い違えば、せっかくの不動産が、税金を払うだけの負の資産にだってなりかねないのです。

共有分割のトラブルとリスク

1例を挙げましたが、その他としては、次のようなトラブルも考えられます。

- 固定資産税などの税金は誰が支払うのか。
- 修繕工事費、リフォーム費などの費用は誰が支払うのか。
- 不動産の今後の方針で意見の食い違い。
- 土地活用などの意見の食い違い。
- 維持・管理は誰がするのか。

小さな決断にも共有者にいちいち相談しなければなりませんし、大きな決断では、意見が食い違う可能性も高く、「共有分割」にして万が一揉めてしまったらアウトです。仲がよかった兄弟姉妹も、仲が悪くなっていくのが想像できるのではないでしょうか。

役所は、持分に応じて固定資産税を割り振って請求をするということは通常行っていません。共有者のうちの1名に対して固定資産税全額の納税通知書を送ります。納税通知書を受け取った共有者は、他の共有者に対して固定資産税の持分割合相当額をいちいち支払ってくれるように請求しなければならなくなります。

こうした場合に共有者の1人が死亡し、その法定相続人が複数いると、法定相続分に応じて遺産を共有で取得した場合には、共有者がさらに増えるので、より問題が大きくなっていきます。

このように「共有分割」は、多くのリスクを潜ませていることになります。「共有分割」を選択しないだけでも立派な相続対策といえるのです。

円満な相続に向けて分割への道筋は、まず「共有分割」を選択しないこと、そして「換価分割」「現物分割」「代償分割」の3つの方法を組み合わせていくことにあるといえます。

6　意外な制度が分割の対策に!?

生前贈与について考える

親の財産を子供に移していく贈与は、相続対策として有効ですが、多額の税金がかかってしまいます。

そこで、みなさんの中には、暦年贈与で1年間の控除額である110万円の範囲で贈与しようと考えている方も多いです。しかし、多額の贈与計画がある場合はどうでしょうか。

例えば、2，200万円を暦年贈与で計画した場合は、2，200万円÷110万円＝20年、何と20年もかかってしまいます。
20年もかかれば、その間に、計画していた贈与額まで到達していない状況で相続が発生することも想定されてしまいます。

相続時精算課税制度

そこで、相続時精算課税制度を検討してみましょう。
相続時精算課税制度とは、2，500万円まで、生前に贈与税を無税で贈与でき、相続発生時に相続財産として相続税の対象となる制度です。既に相続時精算課税制度による特別控除額を利用している場合には、残額が限度額となります。

相続時精算課税制度利用による贈与計画の例

・1年目：1，000万円の贈与を親から受ける。（非課税枠残：2，500万円－1，000万円＝1，500万円）
・2年目：1，000万円の贈与を受ける。（非課税枠残：1，500万円－1，000万円＝500万円）
・3年目以降は、500万円の贈与で、非課税枠を使い切ることになります。
贈与財産の種類、金額、贈与回数、年数に制限はなく、複数年にわたり利用できますが、贈与額の合計が2，500万円までとなります。

この相続時精算課税制度は、改正によって、平成27年から範囲が拡大され、贈与者も65歳以上から60歳以上に、受贈者も子だけから孫まで適用されることになりました。

しかし相続時精算課税制度による贈与は、相続が発生すると、相続財産にプラスして、相続税の対象になってしまいます。

それで意味があるのかと思われる人も多いと思います。筆者も最初はそう思いました。しかし、この相続税精算課税制度は、実は「相続財産の分割対策」にとても有効な制度なのです。

例えば、生前に相続税精算課税制度を使い、不動産を贈与します。するとその不動産の名義は、相続人に移転されます。相続発生時には、結局、相続財産にプラスして相続税の対象になりますが、所有権はすでに移転されていますので、その不動産に関しては相続で争いになることはありません。

換金性の悪い不動産の所有権が移転されているだけで、相続の大きな心配事がすでになくなっていることは、相続税精算課税制度の大きなメリットといえます。

相続時精算課税制度の１番のポイント

そして、相続時精算課税制度の１番のポイントとしては、贈与時の評価が相続時算出時に適用されることにあります。

このことから、この制度を使ったほうがいい不動産があります。それは、値上がりする可能性が高い不動産です。

贈与した資産の財産価値が、贈与をしたときよりも相続発生時には上がっていた場合には、節税になるといえます。

値上がりが望めそうな土地とは、例えば次のような土地です。

・都心部の土地で今後さらに需要が増え発展していきそうな土地。
・今後、新たに駅ができるなど町が発展していく計画が確定している。

早めに値上がり前に贈与しておくと、値上がり分の相続税を節税することが可能ですし、このような土地に相続時精算課税制度を検討することにより、分割対策＋節税対策になります。

当然、社会情勢などにより値上がりしない場合もありますが、少なくとも相続の心配事を減らしておくことができるのです。

賃貸建物の贈与で受贈者が貯めた家賃収入を納税資金に！

さらに生前に贈与した不動産が収益を生み出すアパートや賃貸マンションの場合には、贈与後の収益は贈与された人のものとなるので、贈与後の家賃収入は贈与された子供の財産になっていきます。

被相続人にお金が貯れば、これには相続税がかかってきます。しかし、所有権は子供に移転しているので、被相続人ではなく、子供にお金が貯まることになります。

それを納税資金として確保することもできます。

ただし、子供の資金を増やせるのは当然のことですが、アパートや賃貸マンションが赤字経営でない場合に限られますので、注意を要します。

相続時精算課税制度を選択すると贈与者が亡くなるまで適用

相続時精算課税制度は、確かに分割対策に有効で、節税にも繋がります。でも、メリットばかりではありません。

この制度には注意点もあります。それは次のようなものになります。

・この制度を1度使ってしまうと、暦年贈与110万円控除が2度と使えなくなる。
・60歳以上の親または祖父母から、20歳以上の子供または孫への贈与であること。
・相続時に贈与した不動産について、小規模宅地等の特例が使えなくなる。

・土地や建物を相続した場合、本来であればその土地や建物で相続税を支払うことも認められているが、相続時精算課税制度を利用して贈与を受けた財産には物納が認められなくなる。

・2，500万円まで贈与税は発生しないが、贈与された受贈者には不動産取得税がかかる。

ある意味、相続時精算課税制度とは、贈与時に本来かかるはずである贈与税を、相続が発生する時点まで先延ばしにする制度と考えることができます。

相続財産の規模が大きくて、贈与していきたい金額が多額の場合は、相続時精算課税制度をすぐに使うのではなく、暦年贈与していくべきか、分割対策を優先すべきかを検討する必要があります。

暦年贈与と相続時精算課税制度のバランスを考え、どのタイミングで相続時精算課税制度による分割対策で不動産を贈与していくのか、計画的に実行していくことをおすすめします。

第4章

相続不動産の売却術

1　相続不動産：土地の簡単査定法

相続不動産の売却価格

相続不動産を実際に売りに出したらいくらで売却できるか、売却価格も算出しておくと安心です。

第2章では、路線価方式と倍率方式による不動産の評価方法についての説明をしました。それらの方法の基になる路線価と固定資産税評価額は、あくまで相続税額を算出するための計算式であって、実際の売却価格とは異なります。

納税資金の確保のための売却の場合、予定していた資金を確保できない可能性も出てきます。その際、納税用の相続税算出のための不動産評価だけではなく、実際の不動産売却価格の相場も算出しておくと、売却額のおおよその目安がわかり、安心できることになります。

相続税額算出のための評価は路線価がベースですが、売却価格の算出は、総合的評価になります。なぜかというと、不動産には４つの価格があるからです。いわゆる一物四価《いちぶつよんか》といわれるものです。

・公示価格
・路線価
・固定資産税評価額

・実勢価格

公示価格とは、不動産取引の指標になるように国土交通省が実施している土地価格調査によるものです。市場の需給動向を反映した中立公正な価格で、標準的で代表的な土地について、毎年１月１日時点の価格を不動産鑑定士の鑑定評価（時価評価）に基づき判定します。

公示価格を１００としたとき、概ね相続税路線価は80、固定資産税評価額は70とされています。

相続税の評価の際、現金は時価でそのまま評価されるのに対して、土地は時価よりも低く評価されることになるので、現金で相続するよりも土地で相続するほうが、相続税は安くなります。

そのため相続の発生が考えられるようになると、被相続人が土地に換える場合も多く見られます。相続した人は土地で相続し、土地の評価で相続税を支払います。

さらに、土地の価格としては、実勢価格も存在します。実勢価格とは、周辺の売買事例などを参考にして実際に取引につながる可能性が高い価格です。

つまり、土地には、相続税路線価、固定資産税評価額、公示価格、実勢価格の４つの価格が存在することになります。

これら４つの価格をすべて並べたところで、数字もバラバラですし、整合性もありません。先ほど売却価格（実勢価格）と路線価（相続税価格）のところでも述べたように、数字を算出した目的そのものが違うからです。

しかし、これら４つの価格を知り、使い分けることによって、不動産の売却価格の算出や、相続税路線価や固定資産税評価額などの推測ができるようになります。

土地の売却費用算出方法

売却価格算出のために1番参考になるのは、近隣の売却事例です。地元の不動産屋さんに確認すれば教えてくれるのですが、大切なことは、実際に取引された金額を確認することです。

スーモやアットホームなどのポータルサイトに掲載されている物件は、契約前の売出価格です。売出価格は、値段交渉のことを考慮して、相場よりも高めの価格設定になっている可能性がありますので、成約価格ベースで近隣相場を確認することが大切です。

ただし、地域によっては、直近の成約事例がなかなか出てこない場合があります。そのような場合は、路線価をベースに売却価格の目安を算出できます。

●路線価をベースにした計算式：相続税路線価×1・2

地域性にもよりますので、あくまでも1つの目安ですが、路線価に1・2をかけると、おおよその売却価格になります。

しかし、売却価格の算出は、総合的評価になりますので、不動産の売却価格の算出には次のような様々な基準が想定されます。

・全面道路の幅員
・全面道路の種類

・道路接道間口
・敷地の形
・敷地の方角
・上下水本管、ガス本管などのインフラ設備が全面道路にあるか
・用途地域、容積率、建ぺい率などの建設にかかわる主要な制限
・近隣との越境物があるか
・その他法令上の制限
・事件、事故等の告知義務があるか

このほかにも、細かい項目を出していけばキリがないほどの基準が考えられます。

同一地域であっても、これらの条件の差で、価格に大きな違いが出てくることもあります。土地の売却価格については、こうしたことも確認すると、より正確な数字を出せることになります。

2　売却計画に大切なこと

売却の目的を明確にする

不動産売却の計画は、目的に順応した設定が必要になります。

計画の設定の仕方ですが、おすすめしているのは、自問自答する方法です。なぜ、いついつまでに売却しておかなければならないのか、などの質問です。具体的には次の質問をしていきます。

自分に質問をして計画する

・なぜ売却するのか
・いつまでに売却したいか
・何の目的で買主は購入するのか

自分に質問をして方法を決める

・どのように売却していくのか
・いくらで売却するのか

このように自問自答を繰り返していきます。そして、自問自答の「質問」と「答え」に相続の内容を盛り込んでいくのです。

「なぜ売却するのか」と売却する理由を自問自答することはとても大切です。

売却する理由が円満に相続するための資産整理であり、別の方法で解決できるのであれば、そもそも売却する必要はないことになりますし、売却するための理由がなく、現在使用していないための資産整理と、より具体的に質問の答えを落とし込むことで、その後の計画が立てやすくなります。

質問への答えが明確になることにより、その後の行動が精力的に前向きになります。その結果、売却活動が上手くいく可能性が高まりますし、売却しなくても済む、よりよい方法が見つかるのです。

いつまでに売却したいか

売却する目的が決まったら、次は「いつまでに売却したいか」、売却の「ゴール」を設定していきましょう。それによりゴールに向かっての行動計画が変わってきます。

例えば、今すぐ現金が必要な場合、３か月以内に現金が必要な場合、半年以内に現金が必要な場合、特に急いで売却する必要性はないなど、現金が必要なタイミングがいつかにより行動計画が変わってくるのは当然のことなのです。

第1章の4で、不動産は換金性が悪いとのお話をさせていただきましたが、売主責任として行う作業がどのようなことなのかを確認しましょう。土地の測量や建物の解体を始め、これからお伝えする売却までの準備にかかる作業期間がどれくらいかかるかです。それによってスケジュールがより具体的になりますし、場合によっては計画を見直す必要があるからです。

売却計画として今すぐ現金が必要な場合は、相場よりも安い金額で売却することも視野に入れて行動し、場合によっては不動産業者に買い取ってもらうことも選択肢の1つになります。もっとも、その場合は、車の下取りと同じように売却価格は低くなってしまいます。

売却計画として、３か月以内に現金が必要な場合は、最初は相場の金額で売りに出して、その後の反響や問合せなどの状況を見ながら売却活動を行います。購入者が見つかればよいご縁ですし、見つけることができなければ金額を改めるなどの計画を立て直すことができます。

売却計画として6か月以内に現金が必要な場合は、最初は相場より高めの金額で売りに出して、その後の反響や問合せの状況を見ながら、相場の金額、相場より安い金額へ移行するタイミングを測っていくことになります。

ここでは、金額ベースでの計画の組み方をお話させていただきましたが、金額以外のこれからお話する戦略なども同時に行い、売却活動を成功へと導いていきます。

目標までの日数が決まったら、この日数の中で売却までの戦略を立てていきます。

戦略の立て方は、不動産の種類によって異なります。

中古一戸建の場合の売却戦略の立て方

最初の1か月で、建物をよく見せるための作業を行います。ここでの作業は、売却がスタートする前に行うことが理想的ですので、内容次第では計画の見直しが必要です。

売却物件が中古一戸建の場合で室内に荷物がある場合は、すべて撤去して、室内を何もない状態にしましょう。売りに出た物件を内覧する方は、室内に荷物があると売主の生活感が出てしまい、これからの新しい生活に向かう「わくわく感」を消してしまうからです。

すべての荷物を整理して処分する作業は、とても時間がかかりますし大変な作業ですので、業者にお願いするようにしましょう。

室内の撤去だけでも解体業者にお願いすることができます。必要な物を先に持ち運んでおいて、不必要な物はまとめて撤去してもらいましょう。

処分の費用がかかってしまいますが、最初の段階で二の足を踏んでしまうより、計画的に作業を進めたほうがよいのです。

室内の荷物がなくなったら、次にやることは掃除です。室内の面積や汚れ具合にもよりますが、荷物の処分に比べて日数はそこまでかかりませんので、自分でやってみましょう。

「ちり、ほこり、カビ」の掃除を重点的に行い、汚れ方がひどく油汚れやクロスの黒ずみが多い場合は、ハウスクリーニングにお願いしましょう。

ここでは、室内を清潔にすることが目的ですので、中途半端なリフォーム費用にお金をかける必要はありません。中途半端なリフォームをしても、その費用分を上乗せして高く売れるわけではありませんし、リフォーム部分の好みも出てきてしまうからです。

他の物件と差別化をしたい場合は、リフォーム工事を事前に行ったほうがよいこともありますが、そのときは中途半端なリフォームではなく、しっかりとコンセプトを決めて物件をブラッシュアップできるようなリフォームをすべきです。

リフォームする目的が、「清潔感を出すため」なのか「物件のブラッシュアップ」なのか明確にしておくことが大切です。

室内の清掃が終わったら、室内を明るくする作業を行います。

電気は通電したままにして、各部屋すべてに電球をつけていきます。ここでもお金をかけてオシャレにライティングをする必要はありません。目的は部屋を明るく見せることなので、ハダカ電球でよいのです。

しかし、昔から使っている照明器具をそのまま使ってしまいますと、売主の生活感が出てしまいますので交換しましょう。

そして、いろいろな種類の照明器具がついていると、統一感がなく印象がよくありませんので、取りつける電球や照明器具を統一するようにしましょう。

ここまでの作業を行うことにより、それまでは「住まい」だったものが、「商品」に変わります。売るためには、商品にする必要があるわけです。

この作業を最初の１か月で行います。

そして、この段階で、「何の目的で買主は購入するのか」を考えておく必要があります。

売却する段階で、買主のことをいろんな角度から考えてみます。そうすることで、新しいアイデアや行動計画が浮かび上がってきます。

この物件の購入を検討するお客さんは、いったい何のためにこの物件を購入するのだろうか、住宅として購入するのだろうか、それとも収益関係としてなのだろうか、あるいは、シェアハウスとしてリニューアルするのだろうかなど、いろいろなことが考えられます。

今の時代、購入する側のニーズも多様化しています。物件の見方を変えることによって、新たなニーズが見えてきます。そのニーズによって、供給数が少ないのであれば、売却価格を吊り上げることも可能なのです。

そして、ここからやっと売却物件として売りに出すことができるのです。

土地の場合の売却戦略の立て方

土地の上に古家などの建物がある場合の選択肢としては、先行して建物を解体更地にするのか、それとも購入者との契約後に解体していくのか、どちらかになります。

先行して解体していく物件とは、どのような物件でしょうか。それは、建物も劣化状況がひどく、近隣住民に対して怪我などの事故を惹き起こしてしまう可能性がある場合や、建物がある状態だと販売活動に影響を及ぼしてしまうほど印象が悪い場合です。

しかし、先行して建物の解体をしてしまうと、解体費用だけ先に支払わなければならず、その後の土地の販売が苦戦することも考えられます。資金的余裕があるかないかで、選択肢も変えていかなければなりません。

もう１つの選択肢としては、購入者が見つかり、土地の売買契約をした後に建物の解体をする方法です。先行して解体をしなければならない理由がなければ、この方法を選択するのがよいでしょう。

なぜかといいますと、理由は次の３つがあります。

・理由１

土地売買契約後に解体することにより、土地の売買代金精算時に解体費用を支払うことができます。

そうすることで、資金的余裕がない場合でも、安心して計画を実行していけます。建物を解体してから土地の測量などの関係上2か月～3か月ほど日数がかかる場合もありますが、前もって解体業者に伝えておけば支払いを待ってくれます。

・理由２

建物を解体して不動産を所有することにより、毎年納税しなければならない固定資産税、都市計画税の支払金額が上がります。その理由は、建物があることによって「小規模宅地等の特例」が受けられており、固定資産税、都市計画税が控除により減額されていましたが、建物を解体することにより小規模宅地等の特例が受けられなくなってしまうからです。

しかし、事前に解体をしなければならない場合であっても、方法がないわけではありません。

小規模宅地等の特例は、1月1日現在の状況によって適用されることから、1月1日を過ぎてすぐに解体をスタートさせ、翌年の1月1日が来るまでの1年間で土地の売却ができれば、固定資産税、都市計画税が上がる前に所有者が変わることになります。そして、購入者も建物を建築してしまえば、同じように控除が受けられるのです。

・理由３

最後の理由ですが、それは古家があることにより、購入者ニーズが高まることがあるからです。不動産の用途は、より広くなってきています。シェアハウスや民泊はその代表的なものですが、古家を活かして運用する方にとっては、古家があるだけで検討する物件に変わってしまうのです。

中古一戸建と土地の戦略を説明しましたが、売却前にこのような戦略を考えて計画を立てることはとても大切です。

これまでお話した内容は、不動産の売却を決めた後の例で説明させていただきましたが、相続不動産についてどうしていくのがよいか検討している段階で自問自答するのもよいでしょう。そして、質問の内容をより魅力的な質問にしていくことで、答えが力あるものになっていきます。

例えば、自問自答の質問として、「家族が円満になる分割方法とはいったい何か」といった感じです。

3　あなたの収益不動産に高値がつく方法

タイミングは大規模修繕工事期

収益物件を他の物件との差別化ができるタイミングがあります。

満室経営を継続していくには、いろいろな試行錯誤が必要になることをお伝えしました。その中でも、物件のイメージを大きく変換させていけるジャストタイミングがあります。それは、「大規模修繕工事期」です。

なぜかというと、外壁塗装は、色を変えたり組み合わせたりしても、工事の単価はほとんど変わらないからです。

外壁塗装工事で他物件との差別化ができれば、最大のコストパフォーマンスになります。しかし、「自分自身の好み」を物件に当てはめたり、「他のデザイナーズハウスを見てこんな感じにしたい」など、他の建物のオシャレな部分を強引に取り入れようとしたりすると失敗します。

なるべく既存の建物の特性を活かして、建物自体の潜在能力を引き出すイメージでまとめるようにすることが大切です。

建物本来の潜在能力が引き出されると、建物自身がキラキラと輝き出します。個性でキラキラと輝いている建物は、まるで建物が喜んでいるかのようで、他の物件よりも際立ち、それまでとは見え方がまるで違ってきます。入居を検討している人の目にも、きっと魅力的な物件に映ります。

とはいえ、素人が色分けをしてしまうのは、とても危険です。仕上がりを見て、「こんなはずではなかった」と後悔しても、やり直すわけにはいきません。

そうならないためには、外壁のデザインにも気を配っている工事業者を見つけておきましょう。過去の工事施工例をいくつか見せてもらえば、デザインに力を入れている業者かどうかはすぐにわかります。

過去の施工例のうち、3現場くらいには実際に足を運び、現地で仕上がり状況を確認してみましょう。現在、工事中の現場があれば、その現場も見に行くようにしましょう。現地の足場の上から張る養生シートが綺麗にビシッと張られ、現場の整理もきちっとなされていれば、きっと丁寧な工事をしてくれる工事会社でしょう。

外観のデザイン専門デザイナーの活用

収益物件をメインとした建物外観のデザインを専門にしているデザイナーもいます。アパート・マンションの外観デザインに特化し、他の物件との差別化を図り、利回りを改善していく外装専門のデザイナーです。彼らは、アパート・賃貸マンションの建物のポテンシャルを最大限に引き出してくれます。

筆者が実際にお願いした現場では、その仕上がりに驚嘆しました。色の割振り方でまったく建物の印象が変わり、素晴らしくなっていたからでした。

建物は、色の選定や、アクセントカラーを入れることで、オシャレ感がグッと増します。アクセントカラーとは、例えばバルコニー部分の天井色をワンポイントとして、配色を変えることです。

現場では、建物全体のイメージをガラッと変えるのは難しい前面タイル張りの建物も、アクセントカラーにすることでイメージチェンジを可能にしていました。

その他にも、1階のメインとなる部分には、大理石の成分が混ぜ込まれているのにベニアのように薄い「ストーンベニア（http://waveinc.jp/html/each/ecorila_ve.html）」という商材を用いていました。施工例が少なく、代理店も限られていますが、オシャレな商材を使うことは、物件を引き立たせるには最適といえます。

このように大規模修繕工事を、他の物件との差別化を計るジャストタイミングとして、外観のイメージチェンジによって、コストパフォーマンスを高めていくようにします。そうして満室にして、高利回り物件として売却に出すようにしていきます。「高利回り」と「オシャレ」の2つの強みがある物件に変えることで、高値で売却できる可能性が出てきます。

このスキームは、物件購入時にも使うことができます。

大規模修繕工事の時期が来ているにもかかわらず実行していない物件は、大家さんが空室対策について深く考えていないか、あるいはリフォーム工事を行うだけの資金が準備できない可能性があります。

そのような物件は、場所さえよければ、キラキラ輝く魅力的な物件に変わり、満室にできる可能性を秘めていることになります。購入の際には、大規模修繕工事を行っていないことを理由に、値段の交渉が成功することもあるのです。

そこには、大規模修繕工事を行っていないことや、入居者の不満を解消していき、よりよい住宅を提供していく考えや資金力がないために、1つ、また1つと退去が重なった結果、所有していた収益不動産を売却することになった売主である大家さんの事情や背景が見えてくるのです。

第5章

相続不動産の活用と戦略

1　相続不動産活用の思考法

相続後の長期的対策も必要

相続税控除額の改定後、それまで相続税は一部の資産家にしかかからなかったため、それ以外の人達はさほど気にする必要がありませんでした。しかし、相続税控除額の改正後は、自宅が所有不動産で、老後の蓄えとして一定の現金があれば、相続税が課せられるようになりました。

それに伴い、相続税を少しでも減らしたいと、アパートやマンション建築を検討される人達も少なからず増えてきました。相続税を支払うのであれば、アパートや賃貸マンションを建築しないと損をするのではないかと思う人も少なくありません。

相続税を減らし、賃貸経営が上手くいけば、その後の生活はより豊かになっていくことでしょう。高度経済成長期は、不動産を所有さえしていれば、儲かる時代がありました。そのような時代であれば相続税額を減らすことだけ考えていればよかったのですが、時代が変わり不動産を所有しているだけでは豊かで幸せな生活を築くことはできなくなりました。

これまでは、長期借上げシステムで安心な賃貸経営ができる時代がありました。しかし、これからは、長期借上げがあっても、決して安心はできません。新築時には満室経営で運用ができても、

【図表 15　地価公示指数の推移と相続税の改正】

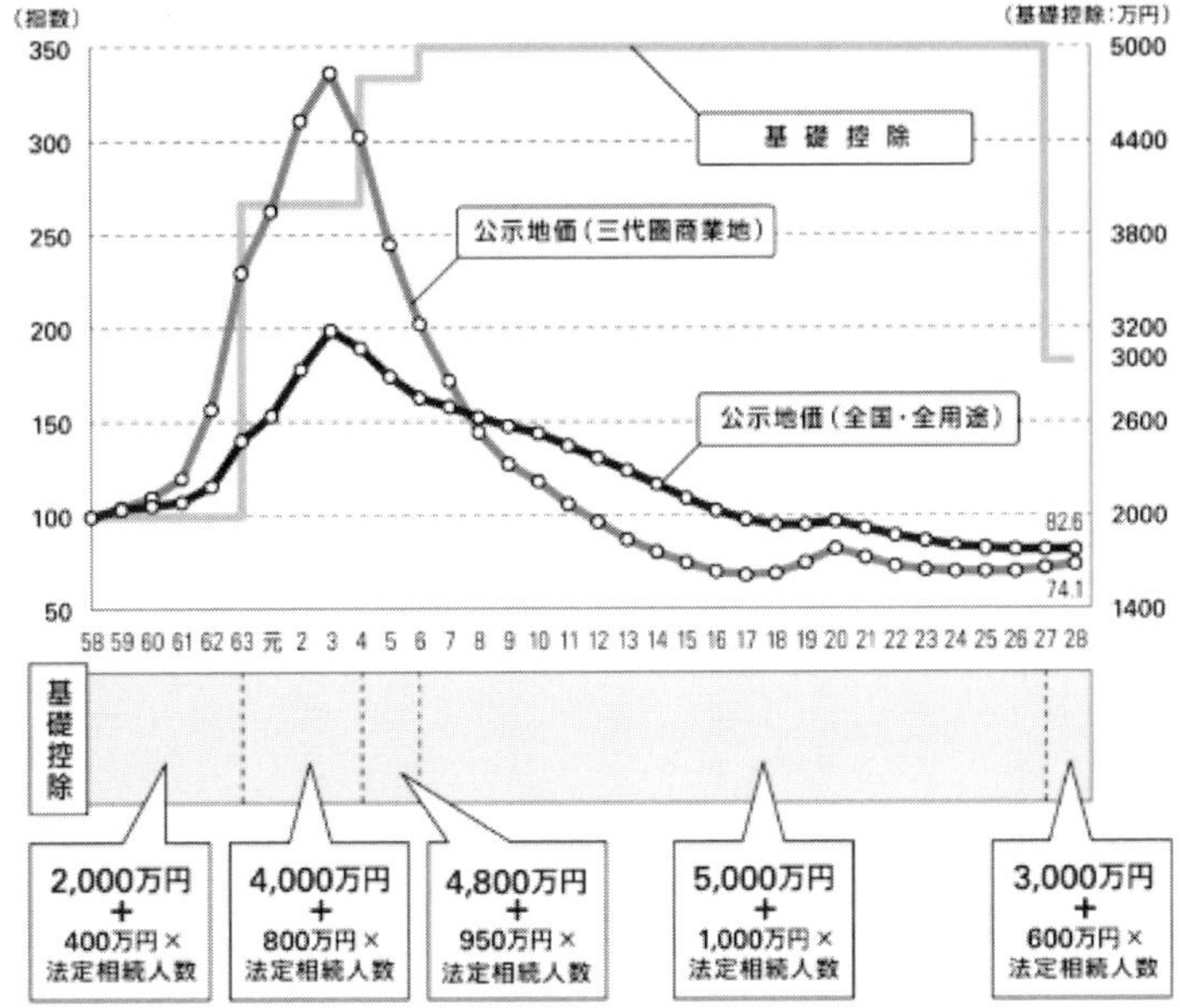

出所：財務省「地価公示指数と相続税の改正」より１部抜粋

その後10年、15年と、築年数が経過するにつれて、空室の入居者がなかなか決まらなくなってきたらどうでしょうか。家賃の改定や契約解除も想定しておかなくてはなりません。

相続税の節税を検討されるのであれば、賃貸経営の勉強をしてから、アパートや賃貸マンションの建築を検討すべきです。要は、目の前の対策だけではなく、相続後も安心できる長期的な対策が必要になります。

相続不動産の活用選択肢

相続における不動産対策は、決してアパート、賃貸マンション建築だけではありません。そこには多くの選択肢があるといえます。実は、「何もしない」のがベストな選択肢だったなんてこともあります。

相続不動産には、様々な活用法がありますので、その不動産の適性に合った活用をし、そのポテンシャルを最大限生かすことが理想的な活用法です。

そうした方法を考えた上での選択肢が、アパート、賃貸マンション建築だったのであれば、そのときはアパート、マンションを建設して賃貸経営をすることがベストな選択肢だったといえるのです。

相続不動産を上手く活用するには、多くの選択肢を出して、その中から検討した上で決めていくのがベストです。

それでは相続不動産の活用にはどのようなものがあるのでしょうか。簡単に選択肢を掲げただけでも、次のようなものがあります。

青空駐車場、コインパーキング、リフォーム、資産の買換え、戸建賃貸、賃貸併用住宅、不動産の売却、何もしないなどの選択肢があります。また、リフォームの際に、シェアハウスに変えたりすることもできます。このほかにも、スペースを生かした様々な活用法が考えられます。

レンタル会議室、レンタル自習室、コインランドリー、コインロッカースペース、トランクルームなどは、あくまで立地によりますが、選択肢はアパートや賃貸マンションだけでないことは確かです。

2　相続不動産の「ことぶき投資法」

不動産の買換え

相続不動産の活用法に多くの選択肢があることは、おわかりいただけたかと思います。その中の選択肢の1つとして、不動産の買換えがあります。

例えば、相続する不動産がアパート、マンションなど賃貸経営をしていくような物件の場合、その賃貸不動産が黒字経営であればよいのですが、赤字経営の場合や今後赤字経営になる可能性が高い場合、あなたならどうしますか。

リフォーム工事や大規模修繕工事を行う、その他空室対策を行うなど、賃貸経営を改善させるための行動は当然必要になります。

しかし、最初の段階で大規模修繕工事にかかる費用を捻出することができない場合や、リフォームなどの対策を行っても周辺の家賃相場から見て家賃単価を上げることが困難な場合など、現在の赤字経営を改善していくことが容易でないと判断できるときには、相続不動産を売却して買い替えるのも1つの選択肢です。

相続税の考え方は、富の再分配を目的としているので、たとえ大地主さんであっても、相続が三代続くと資産がなくなってしまうといわれています。それは、資産の分割や納税の観点から見ても容易に想像ができます。

したがって、先祖代々の資産を減らしてはいけないと、相続税対策など様々な相続対策を実践される方は多いです。しかし、それらの対策は、相続税の支払いを減らすための対策です。

それらの対策とは少し視点を変えた対策があります。それは、相続により引き継いだ不動産を買い換えることにより資産を形成して、結果的には富の再分配により資産が三代でなくなってしまうのではなく、より長く次の世代へと受け継がせることができるのです。

相続不動産のことぶき投資法

相続不動産の買換えにより、時代のニーズにあった資産を形成していくことを「相続不動産のことぶき投資法」と呼んでいます。

なぜ、このような呼び方をしているのかというと、富の再分配により三代の相続で資産がなくなってしまうのを、もしも長くすることができたらと考えたことから、資産の命が長くなり、先祖代々の資産を保っていくことができるとすればきっとそれは親の代、子の代にとっても祝うべきめでたいことであることから「寿《ことぶき》」がぴったりな言葉だと思ったからです。

所有している相続不動産から、自分に合ったより最適なことぶき物件があれば、次の物件へと引越しを行うのです。

【図表 16　不動産のことぶき投資法】

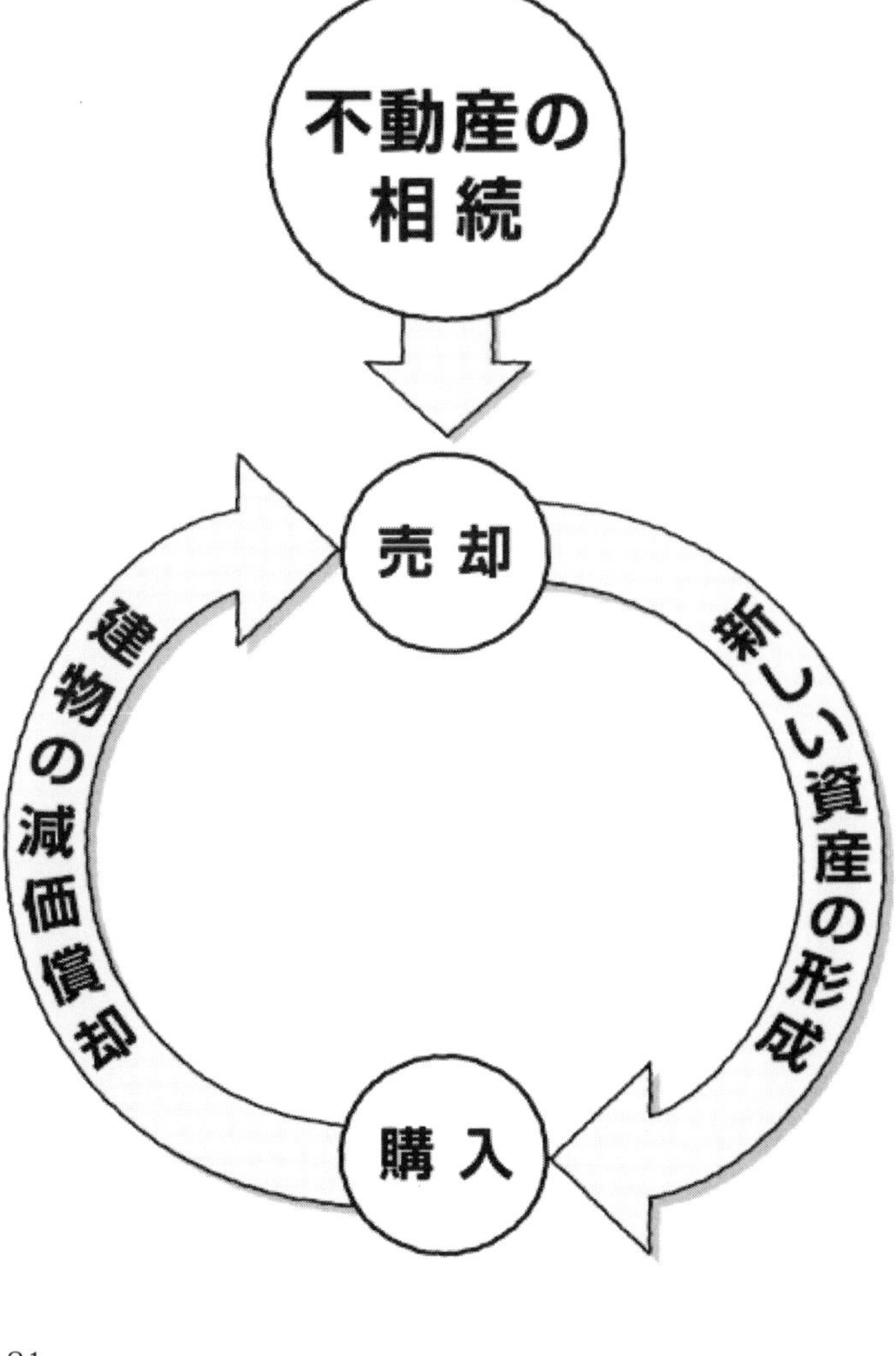

昔からの考え方だと、「先祖から受け継いだ不動産を買い替えるなんて現金な奴だ」との思考や、ご近所から「先祖代々受け継いだ物を食いつぶした」と思われてしまうこともあるかもしれません。そして、思い入れのある相続不動産には、引き継ぎたいとする意識が強くなるので、今ある土地をどうにか活用したいとする人も多くいらっしゃいます。

しかし、これからの日本では、少子化問題により不動産のあり方が変わると考えられています。不動産のあり方が変わる以上、私達の考え方にも変化が必要になってくるのです。

需要と供給のバランスが取れるような「ことぶき物件」に乗り換えることができる「相続不動産のことぶき投資法」で、資産の寿命を長く保ってみてはいかがでしょうか。

3　ことぶき物件の選び方

コアの細分化

これからの賃貸市場は、コアの細分化が想定されるといえます。コアの細分化とは、同じ都心部であっても、人気があるエリアや物件がより細分化していくことをいいます。

すなわち、過疎化が進み、客づけで苦労するエリアや物件と、人気があり、人が集まってくるエリアや物件とが、細かく分裂していくことです。

同じ立地、同じ構造、同じ家賃であっても、満室を維持していく大家さんと空室が増えていく大家さんに分かれていくのです。

そのような観点から、不動産を売却し、より人気があるエリア、人口増が見込めるエリアや収益力を高めることができる物件に買い替えることで、不動産の稼動が望めるようになります。

その際、ただ都心部に買換えさえすれば、どんな物件でも上手くいくというわけではありません。物件選定のポイントに何を置くか、どういう考え方で買い換えるか、戦略はあるかどうかなどによって、買換えの成果は大きく変わってくるといえます。

「ことぶき物件」選びの考え方は、「地域力」と「物件力」の2つがありますので説明していきます。

地域力

「地域力」とは、物件の周辺環境にどれだけの求心力があるかを示すバロメーターです。都心部の駅に近ければ地域力は高くなりますし、駅から遠い上、人口密度が低く、店舗や事務所が少ないような田舎だと、地域力は低くなります。

都心部の駅近くでは、地域力は高くなる一方で、物件単価も高くなってしまいますので、なかなか利回りがとれているよい物件に巡り合うことができません。

では、いったいどうしたらよいのでしょうか。それは、物件単価が高くない地域で、地域力が高い物件を探すことです。

例えば、徒歩圏の駅は、人気があるわけではないが、人気がある駅まで数駅でアクセスできる物件であることや、都心部からは遠方に位置する場所であっても、最寄駅には急行や特急が停まり、1時間以内で都心部の人気駅にアクセスできるような物件であることです。

その他にも、大型ショッピングモールが近くにあったり、大学、病院など求心力が高いものがあれば地域力は上がっていきますし、それらの施設が複数あれば、安定した地域力が維持できる物件になります。

逆にいえば、1つの項目に頼った状態で地域力がつくられている場合は、注意が必要になります。よくある例としては、田舎にある大学の学生にターゲットを絞り、賃貸経営を行っているような場合です。大学があれば学生に借りてもらうことで、安定した家賃収入を得ることができますが、大学がなくなったり、他の地域に移設することになった場合、たちまち賃貸経営が成り立たなくなってしまいます。

このようなリスクを回避するためには、地域力が上がる要因である求心力がある施設が複数あることが大切になりますが、当然に多くなれば多くなるほど物件単価も上がってしまいますので、バランスがとれた物件が求められるのです。

物件力

地域力の他にもう1つことぶき物件の選び方があります。それは、「物件力」です。その名のとおり、物件自体にどれだけ求心力があるかを示すバロメーターです。

「地域力」は所有者自身で高めていくことができないのに対して、「物件力」は所有者自身で高めていくことができます。

大規模修繕工事やリフォームやその他の空室対策がこれに当たりますが、この「物件力」を高めていく上での考え方としては、「地域力」がどれだけあるかを知ることが大切です。

地域力がとても高いのであれば、それだけで求心力がある状態ですので、物件力を高くすることなく最小限の費用で物件を維持していけばよいのです。

しかし、地域力がとても低いのであれば、「物件力」を最大限に高めていく必要があります。

地域力が乏しく物件力がない物件は、空室が多く赤字経営になってしまいますが、購入者の立場でこのような物件の見方をしていきますと全く違う新しい思考になります。

・地域力は高いのに、物件力が低いために、せっかくの地域力が消えてしまっている。
・地域力は低いが、建物のポテンシャルが高く、大幅に物件力を高めることができる。

このような物件は、物件力を高めていくノウハウが現大家さんにないため、赤字経営になっており、物件の価格も安くなっていることがあります。

そのような物件を購入して物件力を高めることができれば、安く購入している分、高利回り物件として安定した収入を得ることができます。

とはいっても、物件力だけに頼るやり方は、高度な物件力を高めるノウハウが必要ですし、リスクが伴いますので、上級者向けのやり方になります。

やはり、堅実なやり方としては、「地域力」と「物件力」のバランスの取れたことぶき物件を探すことになるのです。

4 投資スタイルを決める

投資する際には購入後にかかる費用や問題点にも着目

ことぶき物件を探すに当たって、どのような構造の建物が自分の投資スタイルに合っているのか判断していく必要があります。

単純に金額的に買える・買えないの問題はあるのですが、知識がない状態にもかかわらず、安いからといって飛びついて購入するのは、実は非常に危険です。それは、建物の構造により、購入後にかかる費用や問題点が異なるからなのです。

建物の構造の特性を把握した上で、購入後のリスクヘッジを考え、どの構造が現時点での自分の投資スタイルに合っているのか見定める必要があります。

建物の構造は、大きく分けて木造、軽量鉄骨造、重量鉄骨造、鉄筋コンクリート造、鉄骨鉄筋コンクリート造があります。

不動産投資においては、「木造」と「鉄筋コンクリート造」とでは考え方や注意点や投資規模が変わってきますので、この2つの構造を比較検討することにより、自身に合った投資スタイルが見えてきます。

木造への不動産投資

木造は、他の構造に比べて建築単価が安く抑えられているため、家賃単価が維持できる期間に関しては利回りもよく、費用対効果が見込めます。

例えば、新築の木造と新築の鉄筋コンクリート造を比較した場合、同じ立地、同じ面積、同じ設備であれば、家賃金額差はほとんどありません。

家賃に変わりがないのであれば、建築コストが高い鉄筋コンクリート造よりも、木造のほうが家賃効率はいいことになります。

木造の1番のメリットには、修繕工事やリフォーム工事が容易なことにあります。これから説明する鉄筋コンクリート造のデメリットにもなりますが、工事が容易でないと予想外の出費が出てしまいますし、建物の問題を解決できないこともありますので、注意が必要になります。その点において、木造には安心感があります。

吸湿性、断熱性に優れ、住み心地はよいのですが、一定の年数が過ぎると、家賃をキープしていくために物件を魅力的なものに維持していく努力が必要になります。

鉄筋コンクリート造（ＲＣ造）への不動産投資

ＲＣ（Reinforced Concrete）は、鉄筋コンクリート造のことです。壁がコンクリートで覆われているので防音性に優れます。音のトラブルが少なくなることから、入居者に人気があります。

鉄筋コンクリート造（ＲＣ造）には、柱と梁で建物を支えるラーメン構造と、壁で支える壁式構造（壁式ラーメン構造）とがあります。

ラーメン構造は、室内に柱や梁の出っ張りがありますが、間仕切り壁を取り払って自由に間取りを変更できます。建築コストは上がってしまいますが、長期的な家賃維持の見込みが立ちやすくなります。

欠点としては、修繕工事ができない場合がある点です。例えば、鉄の配管が詰まりやすいにもかかわらず、配管の交換工事には莫大な費用がかかり、中には交換工事が行えないケースもあります。結果、配管を詰まらせないためには、定期的なメンテナンス工事が必要になります。定期的に時間と費用と労力を使うことで、常に物件のお守りがいることになります。

物件にエレベーターがある場合には、動力機器のメンテナンス費用が必要になります。年数が経っている物件の場合には、動力機器の交換時期も想定しておかなければなりません。

貯水漕の定期点検やそのメンテナンスなどにも費用がかかってきますので、必要経費をしっかり確認した上で、事業計画を組んでいく必要があります。

注意点はありますが、建物の耐久性、耐火性、耐震性に優れている分、人気は高く長期的な家賃維持が可能です。

利回りだけで購入に出るのではなく、修繕工事について、どのタイミングで行い、いくらぐらいの費用をかけたかを確認することが大切になります。

少額からの投資は

投資規模を少額から始めたい方は、木造の物件を選択することで、家賃効率もよく、維持管理費やメンテナンス工事も少額で抑えることができます。

一方で、鉄筋コンクリート造は、投資規模が高額になる場合が多く、維持管理費に費用がかかりますが、購入時にどれだけの維持管理費がかかるか確認しておくことで、長期的な家賃維持が可能な物件を確保することができるのです。

そして、ことぶき投資法で物件の購入を検討した場合に、軽量鉄骨造も選択肢の１つになります。なぜかというと、木造ほどではありませんが、ＲＣ造に比べて建築コストは安く済み、メンテナンス工事も容易にできることから、不動産投資においては鉄筋コンクリート造より木造の思考法といえます。

鉄骨造は、線路のレールに見られるように、「しなり」があるので、破断リスクが少なく、耐震性があるものとされています。

工場で大量生産された材料を使うので、精度や品質が安定しています。鉄骨の重量が軽いため、地盤への負担が軽くなることや、部材が工場での大量生産になることから、一般的に工期は短いとされています。

以上のような不動産投資における構造別の思考を持っておくと、自分に合った投資スタイルを見つけることができ、購入後の計画が立てやすくなるのです。

5 満室経営のノウハウ

物件の欠点を見つける

筆者がまだ賃貸経営をやり始めて間もない頃ですが、一気に7室の退去が重なり、たちまち赤字経営を余儀なくされました。当時、現金もほとんどない状態でしたので資金がどんどんショートしていく、とても恐ろしい体験をしました。

そのとき、身を擦り減らす思いで、客づけについて一生懸命考えました。思考錯誤の繰り返しで実践あるのみでしたが、失敗することのほうが多く、もうダメだと弱音を吐くこともありました。

そんな中で、結果に直結した改善策は、とてもシンプルなことだったのです。

実は、空室が一気に出たマンションには、大きな欠点がありました。その欠点とは、南向きで陽当たりがいいにもかかわらず、バルコニーがなく、洗濯物や布団を干す場所がありませんでした。

入居検討者を案内しても、バルコニーがないという理由で、成約には到らないことも何度かありました。この欠点をどうにかして解消できないかと思い、考えたあげく、室内に物干し竿をかけられるフックを設置しました。それも１度にたくさんの洗濯物を干すことができるように、太い木で頑丈なフックを室内に取りつけ、さらに物干し竿についても２本かけられるようにしました。

さらに、設置しただけでは入居検討者や客づけ業者には伝わらないので、木枠の横に物干し竿がかけられる説明を記入したポップを貼りました。

するとどうでしょう。驚くように空室が埋まっていきました。７室あった空室が、３か月ほどで満室になったのです！

このとき思いました。物件の欠点を見つけて、その欠点の改善法を考え、実践してみることこそが満室への近道ではないかと。この試行錯誤の繰り返しで、とてもよい改善策が生まれることに気づいたのでした。

賃貸業者に大家の人柄を売り込む

この方法が上手くいった背景として、もう１つの要因がありました。それは、大家として、物件の近隣にある客づけの不動産屋さんを直接訪問したことでした。

客づけに強そうな賃貸業者を片っ端から訪問しました。すると気の合う営業担当者何人かと知り合うことができました。ここで大切なことは、物件ではなく、大家である自分の「人柄」を売り込むことです。そうすることで、この人なら親切にやってくれそうだと思える人と巡り合えることになるのです。

このとき、決して横柄な態度になってはいけません。共に満室経営のミッションを掲げるパートナーとして、協力を求めるようにしていきましょう。そうすることで、入居希望者を紹介してくれる人が、次第に増えていきます。

このように空室の原因になっているものの改善策を試行錯誤する中で、大家さん自らが乗り出して知恵を絞り、設置を施していくなどの努力によって空室を埋めていくことも、時には大切になってくるといえます。

物件情報の表現

そしてもう1つ、満室経営を実現するために大切なことがあります。それは、物件情報をどのように表現していくかということです。

今やスーモやアットホームなどのポータルサイトに物件を登録することは、当たり前の時代になっています。それどころか、ポータルサイト上は、同じような物件情報が溢れ返っています。情報が多過ぎて、逆情報ロスのような現象さえ起きています。

とはいっても、スーモやアットホームなどのポータルサイトへの登録は必要です。でも、それだけではダメです。プラスアルファの物件表現が必要になってくるのです。

その方法の1つに上げられるのが、所有している収益物件のホームページを作成し、さらにはブログやフェイスブックなどのＳＮＳでも、物件専用ページをつくることです。

物件情報はもちろんのこと、物件をリフォームしたときのエピソードや写真などもアップしていきます。所有者である大家さんご自身のページで紹介していくのでもかまいません。そのような工夫の中で、思わぬところから入居希望者が現れてきたりします。

ホームページは、多額の費用をかけてつくる必要はありません。最近では、ホームページを無料で作成できるサイトも増えてきました。その中でも、筆者がおすすめしたいのは、「ペライチ」というホームページ作成サイトです。

今までの無料サイトは、素人がつくろうとすると、慣れるまで時間がかかり、途中で挫折してしまうものが多くありました。しかし、「ペライチ（https://peraichi.com/）」は、最初からテンプレートが用意されていて、それらを組み合わせていくだけで、作成できるようになっています。

後は素材に文章を入力して、写真をアップロードするだけです。テンプレートの種類も多くあり、いろいろな用途に活用できるようになっています。簡単で楽しくホームページの制作ができるようになっています。

これら空室改善方法は、次のようにまとめることができます。

・空室になっている原因を突き止めて、改善できる方法はないか試行錯誤する。
・物件周辺の客づけ業者を味方につける。

・ポータルサイトへの登録以外にも、SNSを利用して物件情報を発信する。

6 幕引きがないと失敗するわけ

幕引きのタイミングを考える

近年のビジネスの入れ替わりは、とても早くなっているように感じます。どんなに魅力的なビジネスモデルを構築しても、わずか数年で新しいビジネスが参入し、それまでのビジネスモデルは全く通用しなくなってきています。

そうなってきますと、新しいビジネスをスタートするにしても、そのビジネスの幕引きを考えてスタートしていかなければならないのではないかと考えています。

不動産投資も同じで、不動産を購入するタイミングで、その物件の幕引きのタイミングを考えていかなければなりません。

不動産投資の場合の幕引きとは、売却して物件を手放すことです。では、いった、なぜ物件を購入するタイミングですでに売却のことを考えなければならないのでしょうか。せっかく苦労してよい物件が見つかったのだから、幕引きのことを考える必要はないといわれる人もいるかもしれません。一生所有していくつもりだから、私には関係ありませんと思われた人もいるでしょう。しかし、そのように思っている人であっても、幕引きのときを考える必要はあるのです。

物件の幕引きについて考えなければならない理由は、３つあります。それは、経済動向に合わせた幕引き、物件リスクによる幕引き、建物減価償却費に関わる幕引きの３つです。

① 経済動向に合わせた幕引きとは、オリンピックや万博などの国際規模の祭典がある場合です。経済効果が見込まれる分、その前後で所有している不動産を維持していくのか、幕引をするのか、経済動向の予測を立てて検討することも１つの方法です。

② 物件リスクによる幕引きとは、建物の築年数や劣化状況その他の設備状況などを考慮して、後何年で大規模修繕工事の時期が来るのか予測を立てます。その上で、大規模修繕を行い物件を維持していくのか、幕引きをするのか検討していきます。

③ 建物減価償却に関わる税務上の幕引きとは、建物の耐用年数に応じて一定金額を経費化できる減価償却を意識することに他なりません。

減価償却年数を意識しての幕引きを計画

不動産投資をする上で、建物の減価償却年数を意識して物件の幕引きを計画していくことは、非常に大切なことになります。

相続不動産で借入れがゼロの場合には気にする必要はありませんが、相続不動産に借入れがある場合、減価償却年数を把握しておくか・おかないかで、賃貸経営の結果は大きく左右されてきます。

減価償却年数は、構造によって異なりますし、新築と中古でも変わります。

新築で建物を建てた場合、建物減価償却年数は、構造別に、木造22年、軽量鉄骨造27年、重量鉄骨造34年、鉄筋コンクリート造（RC造）47年、鉄骨鉄筋コンクリート造（SRC造）47年と定められています。

不動産投資の最大のメリットは、建物償却分を経費化できることといっても過言ではありません。しかし、いいことはいつまでも続くものではありません。建物の減価償却が終わると、今まで経費にできていた建物償却分が、経費にできなくなってしまいます。

減価償却年数が終わった後には、経費にすることができない「元金」が膨らんでしまうことになります。賃貸経営の最も大変なところは、銀行への返済金の中には元金も含まれていて、実際に現金支出をしているのですが、元金返済分は経費として差し引くことができなくなっているところです。

出口戦略のノウハウ

減価償却は、購入した不動産の金額を購入した年に一括して費用として計上するのではなく、その不動産を利用できる年数に分けて、毎年経費として計上しようとするところにあります。

購入時に減価償却年数が残り何年あるのかを確認することで、その後の計画を立てることができます。新築の場合は、先ほど説明したように法定耐用年数になりますが、中古物件の場合、今現在所有している不動産の減価償却年数が残り何年あるのかを確認しましょう。そうすることで、今後の戦略が変わってきます。

・法定耐用年数のすべてが経過している場合……法定耐用年数×20％
・法定耐用年数の一部を経過している場合……（法定耐用年数−経過年数）＋経過年数×20％

購入を検討する段階から建物の減価償却年数を確認して、減価償却年数が終わる時期に売却してしまうことが、出口戦略のノウハウといえます。そして、新しい収益物件に買い換えることによって、再度建物の減価償却費用を経費として計上していくことができることになるのです。

7　小さな力で大きな成果

レバレッジを効かせる

通常の不動産投資では、融資を金融機関から借り入れて、物件を購入することがほとんどです。その理由としては、不動産投資は、現金が用意できる・できないの問題ではなく、レバレッジを効かせた運用法を行い、資産を形成していくことができるかどうかにあるからです。

レバレッジとは、テコの原理をイメージするとわかりやすいのですが、小さな力で大きな力を動かすことです。

【図表 17　レバレッジを効かせる】

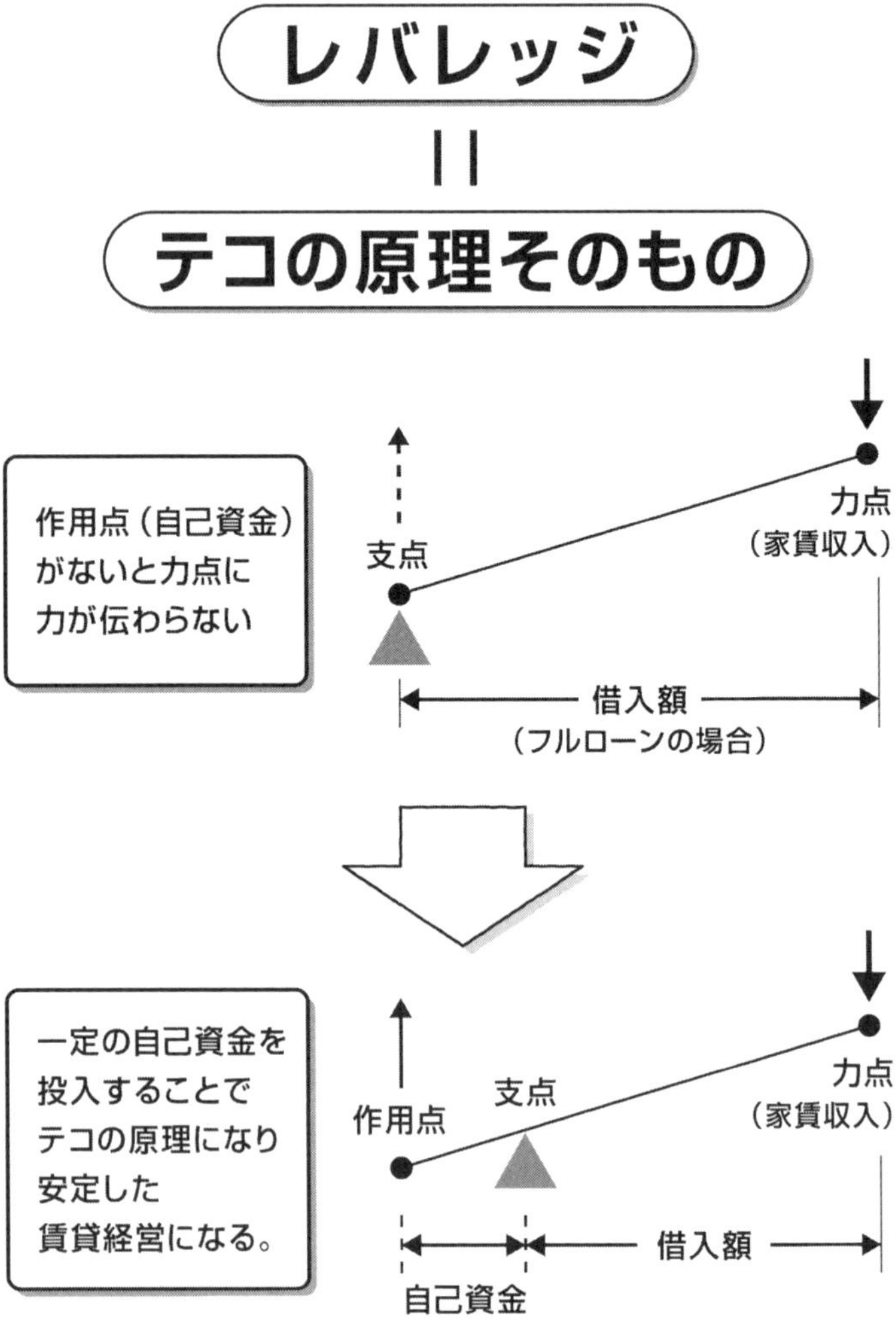

これを不動産投資に当てはめると、物件金額の大半は借入れで賄い、購入時に出ていく資金は少ないことになります。キャッシュを得る方法としては、小さい資金で物件を購入し、大きな収入を得ることができることになります。

現金のある場合であっても、同様に融資の借入れを行い、レバレッジを効かせて不動産投資を行い、満室経営の実績を積み上げていくことにより、資産規模を拡大していくことになります。

このレバレッジを意識するあまり、できるだけ多く借り入れを行い、フルローンで物件を購入される人もいます。しかし、一定の自己資金を用意していたほうが、堅実な賃貸経営ができるといえます。

当たり前のことですが、融資の借入れをしますと、利息がかかります。融資金額の比率が大きくなり過ぎると、手元に残るキャッシュが回りにくくなります。マイナス金利になり、金利も下がっていますが、それでも今後の見通しを考えると、より健全な運営法としては、レバレッジを意識して一定規模の自己資金を用意するほうがいいと思います。

この感覚はテコの原理そのもので、支点の位置が借入額で、作用点が自己資金、力点が家賃収入と考えると理解しやすくなります。

フルローンの購入は

例えば、物件をフルローンで購入した場合はどうでしょうか。支点である借入金額の位置が棒の

1番端になり、テコの力を発揮することができません。

これに対し、借入額の比率を少なくすることにより、支点の位置が変わり、作用点と力点が生まれます。そして一定の自己資金を投入することで作用点に力が働き、力点に力が伝わるのです。

少し極端な例えかもしれませんが、テコの原理をイメージして自己資金を投入することにより、キャッシュが回わりやすくなるといえます。

フルローンで不動産投資を行うのが決して悪いといっているわけではありませんが、資金的な余裕があり、戦略的にフルローンからスタートできるケースであればいいのですが、資金的余裕があまりないような状態でのフルローンでは、その後のリスクが大きくなります。

売却しようとしたときにオーバーローンの状態になり、結局、現金を支払い、ローンを減らさないと売却できないような状況にもなりかねません。

もちろん、相続不動産を担保にして借入れをするような方法もあります。しかし、借入れをする場合にも、手元に現金の少ない状態でのフルローンではなく、安心して進んでいける計画であることが大切です。

相続不動産の買換え

相続不動産の買換えの場合にも、考え方は同じです。

相続不動産を売却し、その現金を一定の自己資金として購入費用に回します。後、レバレッジを意識して融資の借入れを行うことで、力点に力が働き、より大きな賃貸収入を生み出していくことになります。

自己資金で使った残りの現金は、リフォーム費用や大規模修繕費用、すなわち物件のブラッシュアップのための費用に回すことができます。また、賃貸経営をする上での必要な現金を確保しておくこともできます。

こうしておくことで、突発的に退去が重なって空室が多く出た場合にも、手持ちの現金がショートしてしまう最悪の事態を事前に回避することができます。空室対策にお金をかけることもでき、安心経営が実現できることになります。

8　相続不動産がキラキラ輝くテクニック

建物のメンテナンス

相続不動産は、どのような状態で相続することが多いのでしょうか。しっかりと管理されていて、メンテナンス工事が行き届いている状態なのでしょうか。それとも管理状態が悪く、メンテナンス工事もされていないような状態なのでしょうか。そのどちらであるかは、所有者の考え方次第ですが、後者であるメンテナンスがされていない状態であるほうが多いといえます。

それは、なぜかというと、いったん空家になれば、次の使い道も定まらずに、空家のまま放置してしまうようなケースが意外にも多いからです。

賃貸経営のノウハウがある方が所有者の場合は、使用しないのであれば、賃貸物件として使用方法を検討して維持管理していくのですが、知識や行動力がないために、空家のままの状態で不動産が放置されてしまうのです。

このような状況が多いことから、相続不動産は、しっかり修繕工事がなされていない物件のほうが多くなっています。相続のことまで考えて定期的な修繕工事を行う意識の高い人は、実はそんなに多くはないのです。

しかし、相続で不動産を譲り受け、その後長期にわたり自宅として住んだり、あるいは賃貸で貸したりする場合には、建物のメンテナンスが必要になってきます。

メンテナンス工事が行われていない相続不動産を引き継ぐ場合には、修繕工事費に当てられるだけの現金も同時に受け継いでいけるのが理想的です
というのは、引き継いですぐに雨漏りなどの不測の事態となり、修繕費用が必要になってしまう可能性もあるからです。

しかし、資産内容によっては、現金までは引き継げないことも当然あります。そんなときは、引き継いだ相続人が、自身で修繕費用を用意することができるのか、あるいは相続で受け継いだ不動産を担保にして銀行から借入れをすることも場合によっては可能でしょう。

建替え期間専用物件として貸し出す

もちろん、金銭的な余裕がない状態で、借入れを行うことに抵抗がある場合や、借入れすることができないような場合も当然ながらあります。

そのような場合は、リスクを少なくして、初期費用をあまりかけることなく、資産を増やしていくお手軽な方法があります。それは、「建替え期間専用物件」として賃貸での貸出しです。

建替えの仮住まいを探している人に、「現状のままでの貸出前提」で貸し出すのです。期間限定ですので、室内クロスの汚れなどは理解してもらえることから、初期のリフォーム費用が軽減できます。

また、借りるほうは、土地を所有しており、建物を建築できる経済的な余裕がある方ですので、室内の使用も丁寧なことが多いです。

しかし、半年ほどで空家になってしまい、空室期間が続いてしまうことから、賃貸経営としては安定性に欠けてしまう欠点はありますので、相続不動産を一時的に建替え期間専用物件として運営した上で、家賃により工事費が貯まったら修繕工事やリフォーム工事を行い、その後、長期の賃貸物件として貸出をすればよいのです。

これは、筆者が建替え物件として貸したときに感じたことですが、建替え期間専用物件を借りる方は、建替えを機に今まで使っていた設備や家具を買い替える方が多いのです。そして、意外にもまだ購入して数年しか経っていない冷暖房設備などを買い替える方も少なくありません。

そのようなことから面白いことが起きました。どのようなことが起きたかというと、それは退去が決まったときのことでした。「この物件に入居時に取り付けたエアコン2台ですが、このまま置いていってもよいですか。まだ購入して5年しか経っていないので、この先も十分使えると思いますがどうですか」などと入居された方から提案していただくことが意外にも多いのです。

このように、相続不動産をブラッシュアップさせるための建替え期間専用物件として貸した結果、無料でエアコン2台が手に入り、物件のブラッシュアップがさらに進んだのです。その他にも、新しい電気器具や新しい畳を置いていきたいなどの提案をいただいたこともありました。

このような観点からも、現金がなく、リスクが取れないけれど、不動産の有効活用はしなければいけないといった状況の場合は、建替え期間専用物件にすることは、物件をブラッシュアップさせるにはうってつけなのです。

建替え期間専用物件として貸し出すときのポイントがあります。それは、今まで使用していたカーテンをそのまま取り付けておくことです。

その理由は、物件の窓などの開口部のサイズは建物によって様々で、一時的にしか住まない状況でカーテンにお金をかけたくないのは当然のことです。一時的なことですので、カーテンの色やデザインは関係ありません。サイズが合っているカーテンを最初から付けておくことが大切なのです。カーテンが付いていないことで、検討物件から落選してしまうような事態を回避することができるのです。

第6章

円満相続の秘訣

1　女性対策は相続対策

リーダーの選任

相続が発生すると、各相続人で遺産の分割協議を行わなければならないことから、相続についての話合いが必要になります。そこで重要になるのが、相続人の中で話を取りまとめていけるようなリーダー的な役割ができる人の存在です。

リーダーの選任は、長男がやらなければいけないものではなく、相続に関する知識や適材適所で判断していけばよいかと思いますが、相続に関することで時間が割けるかどうかにもよります。

このように、相続に関する中心人物を決めておくことにより、その後の手続や話合いの内容の取りまとめなどがスムーズにいきます。

もし、適任者がいないようでしたら、専門家に任せるのも1つの選択肢ではありますが、全体を取りまとめることができた上で、中立的判断ができるリーダーがもしも相続人にいれば、安心して相続手続を進めていくことができますし、兄弟姉妹の仲が悪くなければ、自然と話はまとまっていくでしょう。

しかしながら、このような場合であっても安心はできません。それは、時として相続人の妻の意見で、相続人の考え方が変わることがあるからです。

相続のような人生における大きな出来事は、夫婦間で相談するようなこともあるでしょう。そのときに夫婦間での意見が違うようなことがあれば、考え方を改めるようなことも考えられるのです。例えば、母親の介護のために同居し、長年にわたり面倒を見てきた長男の妻の意見には、当然ながら耳を傾けるでしょう。

相続人とは立場が違えども、被相続人との関係が密接であった相続人の夫婦の意見は、時として重要な意見となり得るのです。このような場合にも、意見に耳を傾けるリーダーの力量が問われることになります。

女性の意見は重要

被相続人と密接な関係の場合の例えをお話させていただきましたが、密接な場合でなくても、女性の意見に耳を傾けることは、生前の相続対策の時点であってもとても大切なことに感じます。その理由としては、リフォームにおける女性の決定権が極めて高いからです。

近年、リフォーム工事も相続対策には有効で注目をされています。なぜならば、増築しない範囲の室内リフォーム工事であれば、建物の評価は変わらないほうが多いことから、先延ばしにしてきた実家のリフォーム工事を検討するようになるのです。

相続税がかかる場合、リフォーム工事費用も資産の圧縮に繋がる利点もあります。無理にリフォームをしてしまうのは本末転倒ですが、今後リフォームする予定や、建物を長期的に維持していく考えがあるのならば、相続の対策として行うことも1つの選択肢になるでしょう。
そして、リフォームにおける主婦の決定権は、非常に高いです。２００７年4月に産経リビング新聞社のＷｅｂ「えるこみ」で行ったアンケート結果によれば、30代で主婦の決定権が5割、7割と答えた人は全体の7割以上を占め、年齢とともに決定権の数字は上がっています。50代では決定権が10割と答えた人が何と全体の15％以上にも上りました。

【図表18　リフォームにおける主婦の決定権】

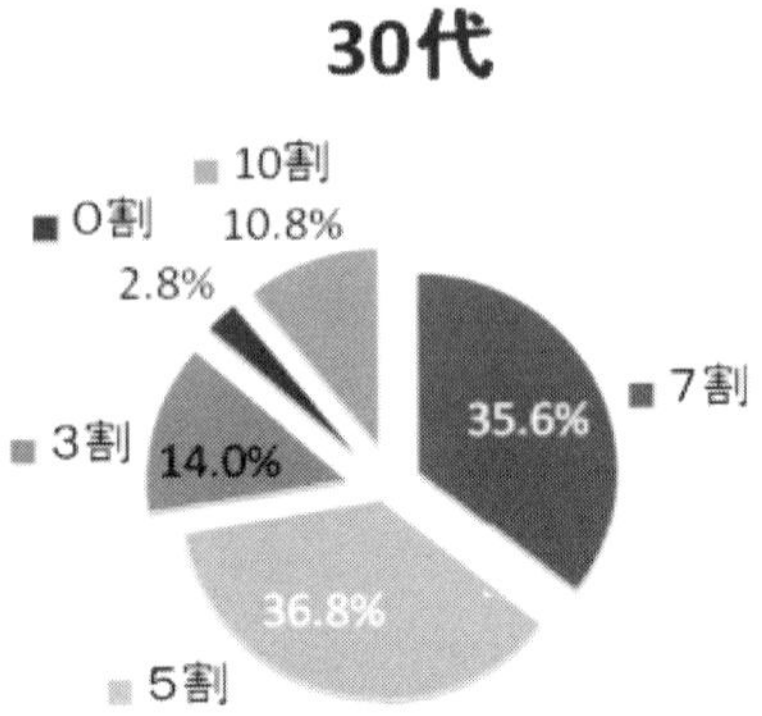

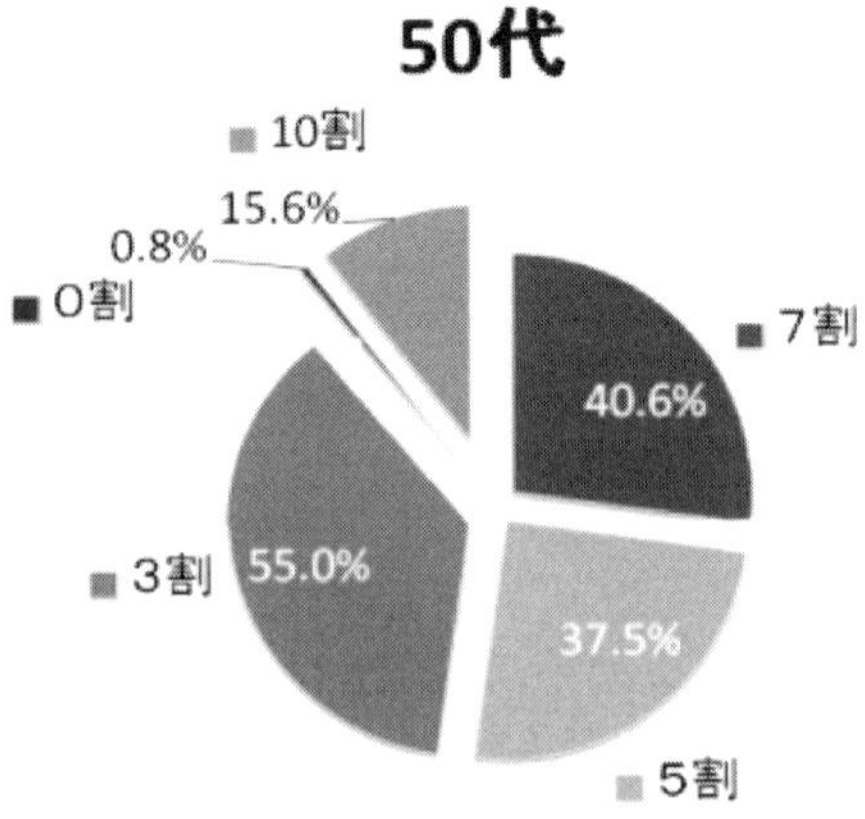

出所：産経リビング新聞社のＷｅｂ「えるこみ」
女性の本音リサーチ／ミセスのデータより

相続対策としても有効なリフォームの決定権が、女性のほうが圧倒的に高いことがわかります。その背景としては、女性は年齢を重ねるに連れて住宅への関心が高まる一方で、男性は年齢を重ねるに連れて住宅への関心が薄れていってしまうのです。当然ながら個人差はありますが、アンケートの数字からこのようなことが読み取れてしまうのです。

いずれにしても、相続対策として有効になる実家のリフォームの決定権者が女性であることから、女性の意見に耳を傾けることが結果として相続対策となり、後々の円満相続にも繋がっていくことになるでしょう。

2　エンディングノートがないと困るわけ

遺言書・エンディングノート

相続が起きると、残された相続人は、プラスの財産もマイナスの財産も含め相続財産を確認しないといけません。遺言書やエンディングノートがあれば問題ないのですが、それらがない場合はどうなってしまうのでしょうか。

マイナスの財産はあるのか、相続財産は何があるのか、そしてその関係書類はどこにあるのか、残された相続人はとても困ってしまうのです。

銀行口座はどこの銀行のどこの支店にあるのか

例えば、被相続人の銀行口座がどこの銀行の何支店にあるのかわからない場合はどうでしょうか。口座を複数持っている場合は、意外にも身内であってもわからない場合があるのです。

最初は、銀行の通帳や関係書類を探すのが自然な流れで、当然、見つかることが多いでしょう。しかし、書類関係が整理整頓されていなくて、見つけることが困難な場合もあります。

もし、通帳などの関係書類が出てこなくて、どこの銀行に口座があるのか見当をつけられない場合、相続人はどうしたらいいのでしょうか。

その場合には、被相続人の住んでいる近所や周辺の金融機関、あるいは勤務先の周辺の金融機関やその他の口座をつくっていそうな金融機関を訪問して確認する作業をすることになります。

その結果、口座が見つかったとしましょう。口座は、探せたとしても、それですべてなのかどうなのかも相続人には全くわかりません。ひょっとしたら借金があるのではないのか、考え出すと不安で夜も眠れなくなってしまいます。ご夫婦が健在であっても、意外にもパートナーの資産のすべてをしっかりと把握できていないケースも多くあります。

不動産の契約書や権利書（登記識別情報通知）はどこにあるのか

●権利書がない場合

相続した不動産の権利書がなくても問題ありません。各相続人で行う遺産分割の協議が無事にまとまれば、相続登記により受け継ぐことになった相続人に名義を移して、新しい権利書（登記識別情報通知）がつくられるのです。

●相続不動産の契約書がない場合（復興税は加味していない）

相続不動産の購入したときの契約書がなくても大丈夫です。

しかし、相続した不動産をその後に売却しようとした場合の「譲渡所得税」の支払額に違いが出てきます。

・購入時の契約書がある場合の譲渡所得税の計算式

譲渡所得金額＝売却金額－**購入金額**－売却費用－特別控除額

この計算式で出した譲渡所得金額に、所有期間（その年の1月1日時点で）が5年超の長期であれば×20％（所得税15％・住民税5％）、所有期間が5年以下の短期であれば×39％（所得税30％・住民税9％）で譲渡所得税が算出されます。

計算式からもわかるように、売却金額から購入金額を差し引くことができるので、不動産価格が上がり利益が出た状態でなければ、譲渡所得税はあまりかからないといえます。

それでは相続不動産の購入時の契約書がない場合は、どうなるのでしょうか。

・購入時の契約書がない場合の譲渡所得税の計算式

譲渡所得金額＝売却金額－**購入金額（売却金額の５％）**－売却費用－特別控除額

この計算式で出した譲渡所得金額に、所有期間（その年の１月１日時点で）が5年超の長期であれば×20％（所得税15％・住民税5％）、所有期間が5年以下の短期であれば×39％（所得税30％・住民税9％）で譲渡所得税が算出されます。

あまり違いがないように見えますが、ポイントは、購入金額として差し引ける金額が売却金額の5％になってしまうところです。必然的に譲渡所得税の支払額が多くなるわけです。

3，000万円特別控除

しかし、契約書がなくても、譲渡所得税が掛からない場合があります。計算式をよく見ると、最後に特別控除額の項目があります。

この特別控除額として最も代表的なものが、居住用財産を譲渡した場合の3，000万円特別控除と呼ばれるものです。

これは、所有者が居住用として住んでいる場合に適用ができ、特別控除として3，000万円を差し引くことができますので、売却金額が3，000万円以下の場合であれば、譲渡所得税はかかりません。

譲渡所得金額＝売却価格－購入金額（売却価格の5％）－売却費用－特別費用（3，000万円）

しかし、この居住用財産を譲渡した場合の3，000万円特別控除は、もともと所有者が居住していた場合の控除です。

では、相続が発生してしまったらどうなるのでしょうか。居住用財産を譲渡した場合の3，

000万円特別控除は使えるのでしょうか。

それは、一定の要件を満たしていれば、別の特別控除があるのです。

この制度は、空家対策として定められたのですが、その背景としては、空家の増加が問題になり、その半分以上は相続で取得した家だとわかったことから、相続と空家に密接な関係があるとの判断でこのような空家対策ができたので、マイホームの売却時に適用することができる居住用財産3,000万円の特別控除を空家対策に応用したものです。

一定の要件とは、次の内容です。
・平成25年1月2日以降の相続
・平成28年4月1日〜平成31年12月31日の期間内に売却
・相続開始の直前において被相続人以外に居住していた者がいない
・建物が昭和56年5月31日以前に建築された建物
・区分所有建物は除く
・1億円を超えるものを除く
・建物付での売却は、建物を耐震基準に満たす状態に工事をして耐震基準の適合証明書を発行しなければならない。
このような控除を上手く利用すれば、税金を軽減させることができる場合があります。

しかし、先祖代々の不動産で契約書がもともとない場合や、契約書を紛失してしまった場合や施設で生活するようになったため空家になっていた場合など、控除が使えない場合のほうが多いといえます。そのような場合は仕方がないと気持ちを切り換える他ありません。

被相続人の気持ちや取組みを知ることの大切さ

さらにもう1つ、とても大切なことがあります。

それは、被相続人がやってほしいこと、やってほしくないことがわからないことです。言い換えれば、被相続人の本当の気持ちがわからないことになります。

もちろん、遺言があれば、ある程度の気持ちも踏まえて、資産に関しても読み取ることができます。しかし、それ以外のことはどうなのでしょうか。

例えば、おじいちゃんの通夜や葬儀は格式高い葬儀場で行ったが、亡くなった父も同じことを望んでいたのだろうかなどです。

また、人脈が広い人だったので、自分の知らないお世話になった人、とても大切な友人がいるのではないのかとか、長年取り組んできたことで、必ずなし遂げたいことがあるのではないのか、それを引き継ぐ人はいるのだろうかなどもあります。

当然のことながら、引き継いでいけるものと、引き継いでいけないものに分かれます。しかし、たとえ引き継いでいけないとしても、被相続人の気持ちや、それまでの取組みを知ることはとても大切なことになります。

そうしたことについて考えることで、相続人自身、今後の人生が開けていきますし、天国の被相続人もきっと喜んでいると思います。

このように相続人が困ってしまうことがないように、相続させる側は、次のような項目については一覧表に書き残しておく必要があるといえます。

・資産は何がどこにあるのか
・借金はあるのか、あればそれは何のために借りて、いくらあるのか
・資産の契約書、権利書、通帳、印鑑などはどこにあるのか
・通夜や葬儀場所とそれらの規模は、どこで、どの程度のものを望んでいるのか
・必ず連絡してほしい知人、友人は？

このようにして、被相続人になる立場の人は、残される人のために、相続の際の不安を日頃から1つでも解消してあげておくことをおすすめします。

3　相続のパートナーを見つけておく

幅広い専門知識が必要

相続には、とても幅広い専門知識が必要になります。

税務の知識、不動産の知識、登記の知識、トラブル、遺言、保険など、1人の専門家ではとてもできるものではありません。

相続の相談は、多岐にわたることから、税務の相談もしたいが遺言の相談もしたいし、その他の相談もあるといった悩み事もあるのは当然のことなのです。

知合いに税理士や司法書士の方がいればよいのですが、知合いがいない方もいらっしゃることでしょう。

そのような場合はどうしますか。インターネットで税理士や司法書士や弁護士の方々を個別に1人ひとり探していくのでしょうか。

それも可能ではありますが、その方法ですと各専門家同士の連携が果して上手くいくか心配です。

本書の冒頭で相続を綺麗な海に喩えて説明しましたが、まさに海全体を見渡すように、相続も全体を見渡さなければなりません。

そのためには、各専門家同士が一丸となり連携を取って、しっかりと帆を張り、海へと航海をしていかなければならないのです。

相続のパートナーを事前に見つけておく

すぐにでもできる大切なことは、信頼できる相続のパートナーを事前に見つけておくことです。

それも1人で活動している専門家ではなく、各専門家とタッグを組んでいる専門家に依頼すべきで

【図表 19　各専門家が連携できる相続のチーム】

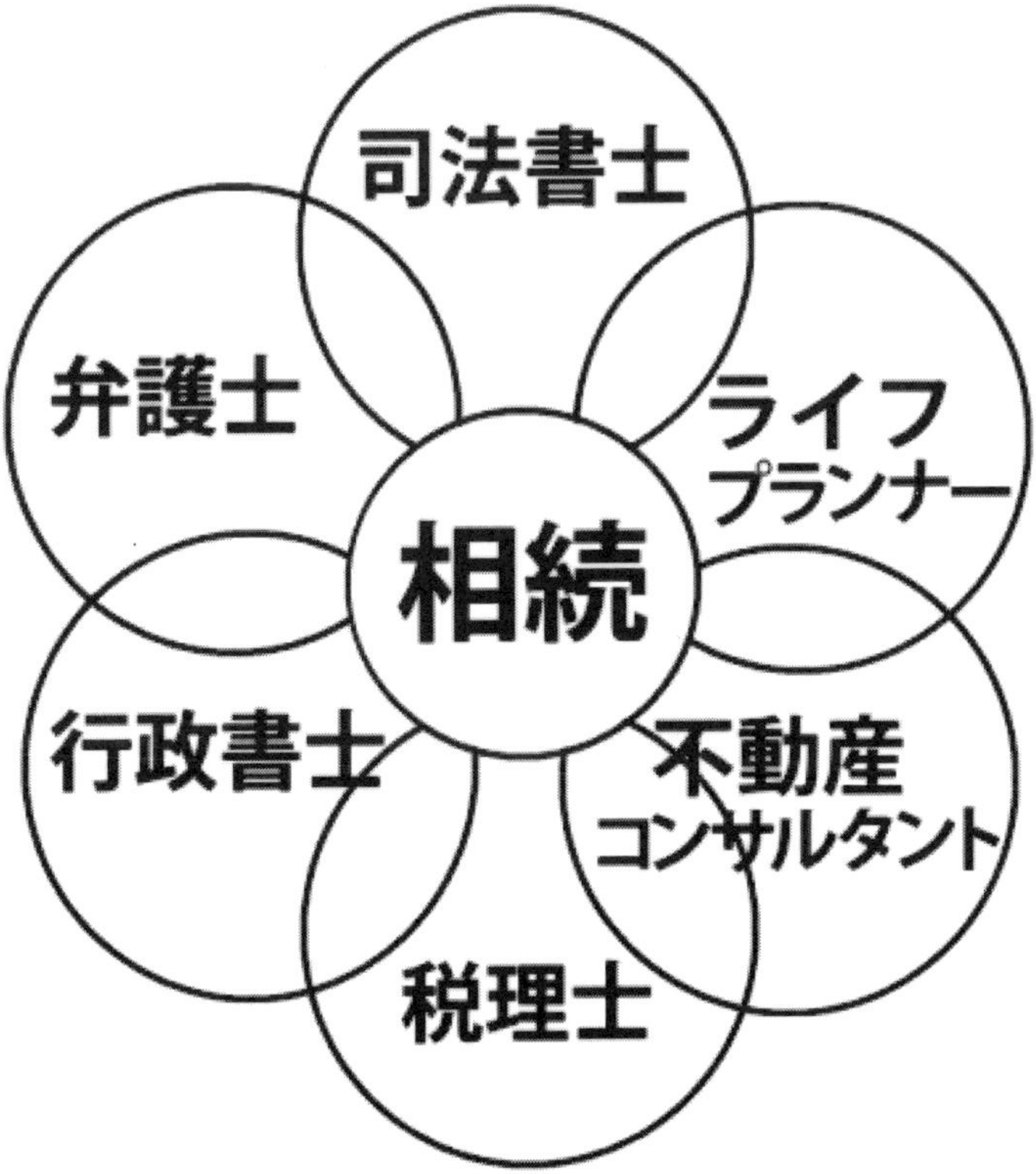

す。そのようなスタンスを取れる人かどうか確認しておくのがよいでしょう。

なぜかというと、相続に関しては、各専門家の連携が大切になる場面が非常に多く、各専門家が初対面で処理していく場合と、初めからチームで行っていく場合とでは、大きな違いが出てくるからです。相談者が各専門家に個別にお願いしていては、専門家同士の連携も上手く取れません。

相続に関係する業務には、相続税、相続登記、不動産、遺産分割、借入金、生命保険などに関しての処理が必要になり、それぞれ税理士、司法書士、不動産コンサルタント、弁護士、ライフプランナー、行政書士などが必要になります。1つの相続について、それぞれの業務が絡み合うことにより、連携を取って行うことになります。

他にも、一級建築士、不動産鑑定士などの専門家が必要になる場合もあります。それくらい相続に関連している業務内容は広範囲になるのです。このとき必要なことは、各専門家同士が日頃から連携を取り合っている関係性が大切になってくるといえます。

4　遺言書に「気持ち」を残す

遺言書の「付言事項」の活用

遺言書は、相続財産を紛争から守るために有効な手段の1つといえます。相続人の誰に、相続財産の何を、引き継がせていくのか明確になります。

遺言は、個人が「自筆証書遺言」で作成することもできますが、作成方法に細かい規定があり、少しでも不備があると無効になってしまいますので、多くの場合、公証人に証明者になってもらって「公正証書遺言」で作成することをおすすめします。

この公正証書遺言の作成は、相続の分割対策にはなりますが、遺留分の観点から考えると、１００％の完璧な対策になるとはいえません。

では、遺言書の精度を上げることは、できないのでしょうか。

それは、遺言書に被相続人の気持ちを記載する「付言事項」を活用する方法です。この方法は、法律的な効力はありませんが、率直な気持ちを伝えることができます。

通常の遺言書は、形式的な文字の羅列で、そこから被相続人の気持ちを相続人に感じ取ってもらうことは、なかなか難しいものです。

例えば、「A区の土地は長男に譲り渡す」といったように、事実だけが淡々と記載されています。そうすると、どのような考えがあってそのような遺言の内容になったのか、その理由を読み取ることができないのです。

理由がわからなければ、相続分が少ない者が不満に思い、紛争の火種にもなりかねません。しかし、理由がしっかりと記載されていればどうでしょうか。不満があったとしても理由によっては納得するのではないでしょうか。

そこで、「付言事項」を使って、遺言書に被相続人の「内容の理由」と「率直な気持ち」を記載することにより、各相続人へ気持ちを伝えられるようになります。実際、この「付言事項」によって、遺産分割協議がまとまることもあるのです。

【図表20　付言事項の例】

長男○○には、○○家の後継ぎとして、実家である○○町を相続します。

後継ぎとは、お墓や仏壇の面倒などの負担も考慮してのことですので、次男○○はどうか理解してくださいね。

次男○○には子供が産まれ、孫を見ることができ、とても嬉しかった。もっとみんなの成長を見ていたかったです。

次男には、現金で○○を相続しますので、住宅ローンの返済や子供の資金に充ててください。

みんなのお陰で幸せな人生が送れました。

どうか喧嘩することなく、この内容で相続してください。

今までありがとう、みんな身体には気をつけてね。


このような文章を入れるのです。

ここでは、ありのままの前向きな言葉、最後の言葉があれば、それで十分といえます。

5　愛情に満ちた思い出

残された言葉

アップル社の創業者であるスティーブ・ジョブズが亡くなる前に言ったとされる言葉がとても印象に残っています。亡くなる前に発したコメントの一部抜粋が次のものです。

・人生の終わりには、私が積み上げてきた富など人生の単なる事実でしかない。
・私がずっとプライドを持っていたことである富は、迫る死を前にして色あせていき、何の意味もなさなくなっている。

スティーブ・ジョブズほどの成功者であったとしても、死に直面したときには、富や地位や名声は色あせてしまい、何の意味もなさなくなってしまったのです。

彼はこうも言いました。

・神は、心の中に、富によってもたらされた幻想ではなく、愛を感じさせるための「感覚」というものを与えてくださった。
・私が勝ち得た富は、私が死ぬときに一緒に持っていけるものではない。
・私が持っていけるものは、愛情にあふれた思い出だけだ。

どんなに富や名声を築いても、あの世には持って行くことができるものではなく、持って行けるものは「愛情にあふれた思い出」だけだったのです。

愛情にあふれた思い出

相続について考え始めたタイミングで、愛情にあふれた思い出を振り返ってみましょう。

嬉しかったこと、楽しかったこと、感動したこと、つらいときに励まされたこと、時には怒られたことや喧嘩したこと、仲直りしたこと、等々……。

それらの出来事は、あなたが何歳のとき、何をしていたとき、どこで、誰と、どのようにして起こった出来事だったでしょうか。

今、振り返ることで、ひょっとしたらそのときには気がつくことができなかったことや、感情が新しく芽生えてくることもあるのかもしれません。また、あのときもっとこうしておけばよかったなど、悔いが残っている出来事があるのかもしれません。しかし、そんな出来事であっても、その裏腹には愛情があったのではないでしょうか。

それらの出来事こそが、「愛情にあふれた思い出」として、唯一持っていけるものです。

そして、今までの出会いに感謝することです。

相続に関わったすべての人が、家族や家族を支えてくださった方々に感謝することができたのであれば、その相続はきっと紛争に発展することなく、円満な相続になると信じています。

おわりに

これは、筆者自身が経験したことです。自分の先祖代々の歴史を知りたくなりました。それまでは、お爺ちゃん、お婆ちゃんの若い頃の人柄を聞いていたレベルでしたが、より深く家系の歴史を知りたくなったのです。

そこで、被相続人の友人や親戚に改めて家系の歴史について聴いてみることにしました。すると意外にも、自分が知らなかった昔話やルーツを教えてくれました。

そのとき思ったことは、被相続人が生きている間に、お酒でも飲みながら家系の歴史について、直接聴くことができたのであれば、どんなに素晴らしかったかということでした。

しかし、筆者が家系の歴史を知りたいと思ったのは、相続が発生してからでした。相続の際の遺産分割時に、筆者は、被相続人の戸籍や改定原戸籍を目にしました。これをきっかけに、自分の家系の歴史に興味をもったのです。

そのとき、筆者は、自分の名前の漢字が入った先祖がいたことを発見して、思わずハッとしました。父や母が先祖の名前を意識して、先祖の漢字を名前に入れたのかどうかは、今となっては確認することはできません。しかし、筆者の名前は、ある先生につけもらったものだと父母から聞いたことがあったので、おそらく両親は先祖の名前は意識していなかったものと思いました。

にもかかわらず、偶然に、筆者の名前に先祖の名前の漢字がついていたことに、興味が湧きました。家系を調べていくうちに、自分だけでなく、他の相続人にも、先祖と同じ漢字が使われているのに気づきました。部首や画数など、文字の細部まで見ていくと、名前に何らかの関係性を持つ先祖に多く巡り合いました。

筆者は、こうした巡り合せは、自分のこれからの人生においてとても大切なのではないかと思い始めました

そして、その先祖との共通している漢字をキーワードとして、これからのミッションを考えました。

・人に大きな喜びと感動を与えること
・その人達と喜びと感動を共有し、自分自身の成長もそこにあること
・経験や固定概念をいとも簡単に捨て去ること
・新たに学び、経験すること
・広い視野、世界で実現していく勇気と力を持つこと
・人と人とを愛情で繋げていける人間になろう

こうしたビジョンを持ち、行動していくことこそ、自分のミッションと思うようになりました。

相続時の様々な気持ちが、新しく行動していく勇気へと変わっていったのです。

相続を機に、新しいミッションやセルフイメージを持てたのも、被相続人も含めて先祖のお陰だ

と改めて感謝しました。

これを読むみなさんは、できればご両親など、被相続人となられる方が生きていらっしゃるうちに、自分の家系や歴史の話を聴いてみてください。

そして、相続の際には、それを機に自分の次なる人生のミッションを探してみてはいかがでしょうか。

みなさまのご多幸を心からお祈りしています。

最後に、本書の監修をしていただいた税理士法人ヒューマンの税理士の不破智博さんと税理士の天池教昌さんに紙上を借りて御礼申し上げます。

太田　吉洋

〈参考書籍〉

不動産実務検定2級テキスト　一般財団法人日本不動産コミュニティー
不動産実務検定1級テキスト　一般財団法人日本不動産コミュニティー
アパート・マンション満室経営術　浦田健著　日本実業出版社刊
アパート・マンション成功投資術　浦田健著　日本実業出版社刊
不動産のプロが教える究極の相続対策　浦田健著　日本実業出版社刊
戸建賃貸運用法　浦田健著　ダイヤモンド社刊
空室対策のすごい技　浦田健監修　日本不動産コミュニティー編著　日本実業出版社刊
Q&A日経記者に聞く相続のすべて　後藤直久著　日本経済新聞出版社刊
失敗しない相続　五十嵐明彦著　日本実業出版社刊
失敗しない不動産の相続　阿藤芳明著　日本実業出版社刊
土地評価を見直せば相続税はビックリするほど安くなる　岡野雄志著　あさ出版刊
金持ちファミリーの「相続税」対策ここを見逃すな！　見田村元宣著　すばる舎刊
儲かる不動産投資の教科書　和田一人著　扶桑社刊
磯野家の相続　長谷川裕雅著　すばる舎刊
トヨタの問題解決　㈱OJTソリューションズ　中経出版刊

家系図を作って先祖を1000年たどる技術　丸山学著　同文館出版刊
家紋と家系事典　丹羽基二著　講談社刊
春夏秋冬理論　来夢著　実業之日本社刊
潜在能力でビジネスが加速する　ポール・R・シーリィー著　フォレスト出版刊
超一流の人がやっているフォトリーディング速読勉強法　山口佐貴子著　かんき出版刊
バカになるほど、本を読め！　神田昌典著　PHP刊
ストーリー思考　神田昌典著　ダイヤモンド社刊
稼ぐ言葉の法則　神田昌典著　ダイヤモンド社刊
1万円起業　クリス・ギレボー著　飛鳥新社刊
スーツケース起業家　ナタリー・シッソン著　三五館刊
1冊20分、読まずに「わかる！」すごい読書術　渡邊康弘著　サンマーク出版刊

著者略歴

太田 吉洋（おおた よしひろ）

Ｊ－ＲＥＣ公認不動産コンサルタント
Ｊ－ＲＥＣ公認相続コンサルタント
宅地建物取引士
相続診断士

不動産で明るい未来を創造するため「中立相談窓口」として活動を行う不動産コンサルタント。
自身が相続を経験したことで、相続には相続特有の不動産知識と経験が必要なことを実感する。以後、相続不動産の「毒」を取り去り、安心安全な住宅、アパート、マンションを次の世代に譲り渡すことをミッションに掲げている。

家族で学ぶ相続不動産の分割と活用法

2016 年 10 月 21 日発行

著　者　太田　吉洋　© Yoshihiro Ota
発行人　森　忠順
発行所　株式会社 セルバ出版
〒 113-0034
東京都文京区湯島 1 丁目 12 番 6 号 高関ビル 5 B
☎ 03（5812）1178　FAX 03（5812）1188
http://www.seluba.co.jp/
発　売　株式会社 創英社／三省堂書店
〒 101-0051
東京都千代田区神田神保町 1 丁目 1 番地
☎ 03（3291）2295　FAX 03（3292）7687

印刷・製本　モリモト印刷株式会社

Printed in JAPAN
ISBN978-4-86367-298-7